性と文化

山本 真鳥 編

GENDER
SEX
SEXUALITY
CULTURE

法政大学出版局

序論

山本真鳥

この論集で扱っている「性」とは、外来用語のセックス、ジェンダー、セクシュアリティを包含する内容を指している。社会科学や人文科学の分野において性に関する研究は近年たいそう大きな進歩を見せているが、それには、七〇年代終わり頃になってジェンダーという概念が新たに導入されたことが大きい。

それまで社会での男女の活躍の差は、主に生殖機能に由来する生物学的な能力差によるものとされてきた。一般的に男性は女性より体が大きく筋力も勝っている。女性はまた、妊娠期間中や乳飲み子を抱えている間、一定の保護が必要である。スポーツ競技についても男性の記録の平均は女性のそれよりも上であるし、どんなにできるといっても男性チームに入って遜色なく戦える女性は少ない。しかし一方、どのような能力差がその指標となっているかを見ると、男性の身体能力が優勢であるような種目においてスポーツが戦われていることも確かである。指標の取り方如何では、男女の身体能力の差も逆転しうる。たとえば、長期に亘って飢えをしのいで生き延びることができるのは女性であるといわれている。女性の皮下脂肪はそれだけ生物としての耐久力となる。また多くの先進国で、女性の平均寿命は男性のそれを凌駕している。筋力や腕力において男性と女性と異なる種類の能力があることは確かだが、指標の取り方を変えてみれば、簡単に男性の方が体力において勝っているといえるわけではない。

さらに、ジェンダーという概念の導入は、男女が単に生物学的な原因に由来するもの以外の差異を、教育や社会の中で、モラルとしてまた生活慣習として身につけていくということを明らかにした。男女の差異は、生物学的な身体の構造に由来しない社会的約束としての差異を、多分に含んでいるのである。たとえば男女の役割の違いや、服装の違いなどに身体の構造から必然的に生ずる差異ばかりで説明が可能だろうか。

女性とはこうだとか、男性はこうあるべき、という観念が必ずしも普遍的なものではなく、ある社会でのそうしたルール、すなわち男女の差異の仕分けが他の社会に必ずしも当てはまらないことが、主として文化人類学などによって論証されてきている。女性はスカートをはき、男性はズボンをはく、といったわれわれの「常識」は、世界のどこでも通用するというわけではない。おおむね騎馬をおこなう民族は女性でもズボンをはくし、熱帯の暑いところでは男性でもスカート（腰巻き状衣類）をはくことが多い。女性はスカート、男性はズボンというのは、社会的に構成されたものなのである。特定社会において後天的にそれぞれの性に付与されたものなのである。男性であるとか女性であるとかということのなかには、本質的ではないのに社会的ルールとして強いられてきたことが多く存在している。このジェンダーの考え方は、フェミニズム運動を大きく後押ししたのであった。

しかし一方で、ジェンダーの差異には一定の普遍性があるのではないか、という方向にも議論は向くこととなった。たとえば、象徴人類学の分野では、男性：女性：：文化：自然といった象徴的分類が一般的に女性の従属的地位を形成してきたという、シェリ・オートナーの議論はあまりに有名である。また、男性：女性：：公的領域：私的領域といった対立についても、なぜそのような権力の配分が生じるかという原因を考察するなかで、ジェンダーの非対称性ということが議論されるようになった（たとえばロザルドなど）。しかし、文化対自然といった対立が普遍的な枠組であるかどうかについては、多くの議論が戦わされている（アードナーとオートナー、一九八七）。

そのような中で、ジェンダーという概念の功罪が議論されるようになってきた。確かにジェンダーは、生殖能力に関連した生物学に起源をたどることのできない男女の差があることを証明したのであるが、それにもかかわらず、その差異の議論にはある種の決定主義（文化決定論）がはびこってしまっているというのがその論点である（スコット、一九九九）。

その意味で、単独にジェンダーのみを議論するのではなく、セクシュアリティとの関わりの中で男女の関係性を分析する手法は、今後重要な役目を担うに違いない。

さて、セクシュアリティとは何だろうか。セックスとどう違うのだろう。これも以前は「生殖に関わる行為」といった簡単な定義ですんだが、同性愛が人間の性行動の中で市民権を得るようになってから、それは複雑なものとなってきている。最も広義には、人間同士が惹かれあうことや身体的快感の存在をもって定義する場合もあるが、編者自身は「生殖」をセクシュアリティの定義のうちから外してしまうことには無理があると考えている。「生殖に関わる行為（性交渉）とそれを介した行動や人間関係の存在様式、またそれらから派生するものごとをさす」（山本、二〇〇二）といった定義がもっとも妥当性をもつのではあるまいか。というのは、男女の間の生殖をおこなう行為がなければ、やはり同性愛も存在していなかったと思われるからである。

セックスは生物学的であるが、セクシュアリティは文化に大きく関わる。生殖そのものは本能に導かれる生物学的いとなみであるが、性交渉のおこない方や、前技・後技、体位といったものは、さまざまな慣習のなかにある。また、どのような相手に惹かれるか、どのようにして性交渉にいたるか、といったこともセクシュアリティ研究の対象であろうし、性交渉の結果としての妊娠・出産に関わる慣習（これは民俗学や人類学では以前からさかんに研究がおこなわれてきている）についても同様である。

この論集は、そうしたセックス、ジェンダー、セクシュアリティをそれぞれに分断して研究するのではなく、それぞれの研究領野の重複部分をあえて分離することなく、重なり合いのなかで論じることを意図している。それらの概念を包括的に表現した「性」という用語を用いるのはその理由による。

この論集のもととなったのは、法政大学経済学部基礎B科目群に設けられた三分野総合科目「性と文化」である。もともとこの科目は、いわゆる教養科目の三分野、自然科学、社会科学、人文科学を総合し横断するようなテーマをあげて、二人以上の教授陣を集めて多面的に論じるものとして設けられた。既存のディシプリンを体系的にきちんと学ぶことも重要であるが、それとは別にテーマに即して学際的に数人の教員が関わる授業はそれなりに意義があるし、また学生の立場からも楽しく勉強ができるはずである、という趣旨で二〇年前の本学部の多摩移転にともない開始された。

「性と文化」のもっとも早いシリーズは一九八八年度におこなわれた。好評であったためさらに次年度も続いた。このときの講師陣は、経済学部から山田憙政（現名誉教授）、濱田正美（現神戸大教授）、松尾章一（現名誉教授）、山本の四名で、第一教養部から堀上英紀、田嶋陽子の二名が参加した。第二回目は、一九九三年度におこなわれ、やはり翌年も続いた。講師陣は、経済学部から、山田憙政、清原孟、松尾章一、山本真鳥の四名、それに堀上（二年目は為安司と交代）と早川紀代が加わった。第三回目は、一九九八年、一九九九年におこなわれた。最初と第二回目のコーディネーターは松尾が務めた。その後数年を経て今度は山本のコーディネーションで第三回目の「性と文化」の授業がおこなわれた。第三回目の授業をおこなったのは、経済学部からは苅谷春郎（健康管理学）、松尾章一（日本史）に加えて、山本真鳥（文化人類学）であり、隣の社会学部から横山浩司（心理学）、第一教養部から田中優子（日本文学）、聖マリアンナ大の為安司（生物学）に応援をお願いした。それぞれが、四回の授業を担当して交代し、計二四コマ一年間の授業をおこなった。うれしいことに一年目は四二〇人、二年目は四五八人が受講して、教室は満席であった。幸い、時間に二コマほど余裕があったので、『ハーベイ・ミルクの時代』（サンフランシスコ市でゲイ代表として市議会議員となったハーベイ・ミルクの活動と暗殺のドキュメンタリー）のビデオ鑑賞をおこなって皆感涙を流し、またもう一コマに授業を担当した三〜四人が集まって、シンポジウム形式でディスカッションを実施し有意義な時間を過ごした。いつもおとなしい学生からも活発な質問を受けて、教員も大いに楽しむことができた。初回と第二回の「性と文化」のシリーズで講義をお願いした本学部の山田憙政名誉教授が、このシンポジウムのためにわざわざおいでくださり対話に参加されたのは学生たちにとっても貴重な経験だったが、今は編者にとってもうれしい思い出である。

さて、その後論集を作ろうという話になり、授業のコーディネーターである山本が法政大学出版局に話をもちこんだところが、意外とすんなり出版が決まったにもかかわらず、さまざまな事情からのびのびとなって、これまで時間がかかってしまったことは、山本の怠慢以外の何ものでもない。記してお詫びしたい。

もとより授業に関しては、「性と文化」というテーマに外れない限りは専門の立場から自由におこなうことになっていたので、論集自体も、全体の統一を重んじるよりはさまざまな立場から自由に論じ、多面的な「性と文化」の諸相を検討することを主眼とした。そのためにやや全体的な統一を欠くことがあるかもしれないが、それは逆に論集自体の長所であることも申し添えたい。また、授業での話に沿って議論全体を論じた著者もあれば、授業でとりあげた議論の一つを綿密に論じた著者もある。さらに、論集を組むにあたって、全体構成を補う意味で、社会学部の吉村真子(アジア経済論)と、広島大学総合科学部の窪田幸子(文化人類学)に参加していただいた。為安教授は残念ながら不参加となった。また、本学部の長原豊も大変乗り気で参加の予定であったが、本人の海外留学のために実現しなかった。

このようにして成り立っている論集のカバーする領域すべてを見通す発言など編者にできるわけはない。しかしせっかくの機会なので、授業や試験の実施などを通じて感じたことを文化人類学の視点から申し述べておきたい。ジェンダーやセクシュアリティということに関して、人は強い思いこみをもっていて、その思いこみが普遍的ではない、ということを理解することは大変難しい。以下の記述でそのような思いこみが少しでも相対化されれば、と思う。

ジェンダー役割について、文化人類学のこれまでの研究からは、おおむね役割分担の内容は社会によってさまざまであるが、ジェンダー役割のない社会というのは存在しない、ということがいえるだろう。男性はこの仕事をして、女性はあの仕事をする、といった規定がまったくない社会は存在していなかった。しかしその女性の仕事が、いわゆる「主婦」の仕事であったかというと、そういうわけではない。われわれが普通考えるような「主婦」は、「夫」の賃金労働に対する補完的かつ家内的なアンペイド・ワークをおこなっているのであるが、このような「主婦」はまさに近代の産物であり、普遍的なものではない。自給自足経済の下では、賃金労働者たる「夫」に対する稼ぎをもたない「主婦」の地位、といった対照はなりたたないのである。その権力の配分において、男女の間で平等であると明言するのは難しいが、現金を稼ぐ人に対する主婦というほどの不平等観は存在しない。またそうした社会においては、役割分担にともなう互いに踏み込めない独立した領域がある。

しかしこうした事実について、授業の成果をきちんと理解して受け止めるのは、現在の主婦の地位について日頃心の中で疑問をもつ学生（自然と女子学生が多いが）であって、そうした現行の男女の役割分担になんら疑問をもたないコンサバの男子学生の耳は素通りしてしまうらしい。そしてまた、誤りであることが指摘されているテーゼを引き合いに出しても、教師が正しいテーゼとして述べたと誤解して、みずからのコンサバ理論の補強としてしまう。こうした学生は、採集狩猟民の食料確保の中で女性の採集による植物性食料のエネルギー量が男性の動物性食料のそれを凌駕していることを忘れて、「昔から食料を確保するのは男性の役割だった」などと答案の枕に書くのである。

また同様に、日本の若い人々の間に広く浸透している思いこみであるが、アメリカの同性愛者のほうが日本よりも差別を受けていない、というものがある。これは、主としてアメリカなどの海外の同性愛者の運動の成果を伝えるマスメディアの存在が大きいのであろう。アメリカというのは非常に多様性のある国だから、メディアによって伝えられるサンフランシスコやニューヨークなどのゲイの人々に対する人権的な扱いに対して、ゲイであることを公言できないコミュニティも数多く存在している。しかし、後者の現実はあまり伝えられていない。とりわけ欧米に範をとってきた日本人の心性として、うーん日本は遅れているわい、という感覚が呼び覚まされてもしようがないかもしれない。ゲイ・ムーヴメントが起こる以前がどうだったか、を考える必要があるだろうし、また、現在の合州国のなかでもさまざまな地域があり、さまざまな階層があることを理解してほしい。授業中のビデオ鑑賞『ハーベイ・ミルクの時代』を見た人は、同じサンフランシスコでもムーヴメント以前にいかに差別がきつかったのかが理解できるはずである。現在も地域的にまた階層的に同性愛嫌悪症《ホモフォビア》にはさまざまな温度差があるし、この嫌悪症は近代アメリカ社会に根強い固有のものであるといってもよい。

セクシュアリティが人格と結びついて語られるのは近代的な現象である、というフーコーのテーゼは、人類学の分野ではこれまでさまざまに検証されてきている（たとえば小田、一九九六）。この論集では扱わなかったが、メラネシアの儀礼的同性愛というテーマがある。これは男子結社のなかで、成人式の儀礼などを通じて同性愛的行為がなされるものであるが（松園、一九八七）、一方でこれが一生涯続くのではなく、年齢階梯により定まった段階が終了した男性たちは、結婚して子どもをもつことになる。同性愛行為はおこなうが、その後に異性愛行為も同様におこなう。同性愛だけを指向する「同性愛者」というのは存在しない。山本の論文中で扱う、ポリネシアの男性トランスジェンダーとセックスをおこなう「ノーマルな」男性にしても同じことがいえる。彼らは、女性の代わりとしてトランスジェンダーとセックスをするが、自分が同性愛者であるなどとは思っていないのである（第七章参照）。このテーマについては、この論集ではこれ以上取り上げていないが、今後とも重要なテーマとなりうるだろう。

さて、導入として個々の論文について概略と全体の流れを少々論じておこう。

第一章は田中優子「江戸時代の性――その悪とめでたさ」である。田中は、今日の性がプライベートな生活の中に隠れているために普段明るみに出てこないのに対して、江戸時代の性は、その存在様式として文化のなかに深く織り込まれているために、江戸文化を語るには性の問題は避けて通れないという。ここで田中が論じようとしている性は、性愛＝恋愛であり、性行為のみではなく、「性を中心にして作り上げられた幻想（夢）の仕組み全体をさす」のである。このような性のあり方は、実は日本においては古代から連綿と続くものなのであるが、近世はこれを継承しながらも、一方で商品化し、他方で性と芸に分離して管理した時代であったと田中は述べる。こうして田中は、悪所、すなわち遊廓とそれをめぐる文化について詳細に語り始めるのであるが、そこに繰り広げられるのは、性に罪悪感をもたず、むしろそれをめでたいものとして生のエネルギーへと転化する江戸時代を生きる人々の絵巻である。恋を徹底的に技巧化する遊女や、恋や性的かけひきに長じることを生き甲斐とする粋人。そこでは両性ともに性的な好みの対象となり得ていた。これはまさに時間軸の中の異文化世界であり、田中の筆はわれわれをその世界に一足飛びに誘ってくれる。

第二章の苅谷春郎「梅毒流行諸相」の仕事は、梅毒の社会史とでもいうべきものである。梅毒は一四九四年のフランス王シャルル八世のイタリア遠征に際して流行するが、「新大陸移入説」と「太古存在説」との間には大きな論争があるらしい。日本での最初の記録に登場するのは一五一二年であるというから、この病気の伝播の早さは驚くべきことである。江戸では、遊廓やその他非公認の売春を通じて流行することになった。江戸の風俗のなかにその流行を見ることができる。梅毒の検査システムは黒船到来とともに、異国人の進言によって設けられることになる。それは、半ば強制的に娼妓に検査を受けさせるものであるが、梅毒を駆逐するためには大変な効果があった。やがて特効薬サルバルサンやペニシリンの発見を経て、人類は梅毒を押さえ込むことに成功した。しかし、性感染症は、種の保存に不可欠な性欲に関わるために、その根絶は人類永遠のテーマであると苅谷は述べる。

第三章は松尾章一「黎明期の女権論・女子教育論・結婚論――女性自由民権思想家・岸田俊子と清水紫琴」である。松尾は長らく自由民権思想運動を研究してきた歴史家であるが、「女の視点」にたって歴史を見ることが弱かったという反省からこのテーマを選んでいる。岸田も清水も女性として自由民権思想運動に身を投じ、著作活動をおこなっているが、いずれもやがて進歩的な男性と結婚していわば主婦となった。二人とも、女子教育や結婚についての評論を残しているがその中では良妻賢母となることを主張しているのである。後世のフェミニストたちは、彼女らの良妻賢母論を一種後退であると受け止める傾向が強い。また六五歳でなくなった紫琴が人生半ばにして筆を折ったことをとりあげ、紫琴が結局は原理的な家族制、一夫一婦制度の否定に向かったという解釈もしている。しかし松尾は、彼女らの良妻賢母論は天皇制国家の主張する良妻賢母ではなく、真の一夫一婦制度を実現し、互いに尊敬の絆で結ばれた結婚生活を実現するためのものであったと主張する。

第四章の横山浩司「「オトコなるもの」について――支配と有限性・劣敗と優越」は、ジェンダーの基本的な問題を考察している。横山は授業の中では男性論を担当していたが、この論文は男性論のきわめて理論的な部分に相当する。「オトコなるもの」という横山の造語は、「男らしさ」や「男性性」などと表現されることもある masculinity を示すものである。「オトコなるもの」はジェンダーとしての男性性を示すと同時に、セクシュアリティの男性性を示すものでもある。主として近代の「オトコなるもの」に焦点をあてたこの論文は、通常「オトコなるもの」と考えられているものを解体し、別の男性の姿を構想するが、横山は男性と女性の対等なワーク・シェアリングがその前提であると考えている。

第五章の窪田幸子「文化人類学とジェンダー研究——アボリジニ女性の表象をめぐって」は、文化人類学の方法論の変化とその実践例である。フェミニズムから生まれたジェンダーという視角は、本来的に男性の視点からおこなわれていた文化人類学の研究を大きく変える結果となった。従来の研究では多くの場合対象社会の男性に意見を聞き、男性の言い分をもとに文化を描く作業がなされていた。その結果アボリジニ社会は男性中心で、女性は受動的であり、劣位の存在であるという見方が一般的であったが、ジェンダーの視角の導入によりこの見方は大きく変更されることとなった。アボリジニ女性の植物採集はカロリー数でいうなら食料全体の七〇パーセントを占めるという報告もある。そして従来考えられていたよりずっと彼女らの役割は重要である。それにまして、近年の社会変化は女性に多くの点で新たな役割を付与する結果となっていると窪田は論じている。

第六章は吉村真子「開発とジェンダー」である。この論文は、発展途上国の開発事業と女性の問題を広くバランスよく配置している。経済開発政策の恩恵が、男性には及びやすいのに対して女性にはなかなか及びにくい点が指摘され、女性をターゲットにした開発政策「開発と女性」が立案されるようになった。こうして女性を受益者とする開発事業がおこなわれたが、やがて単なる女性対象の施策には限界があるとして、男女間のジェンダー関係の改善をはかる「開発とジェンダー」という概念で構想される開発政策が実施されるようになった。「開発とジェンダー」では、女性が自立する能力を備えるようになることを目的としている。以下の節では、途上国において問題とされている女性に対する暴力、メイルオーダー花嫁、セクハラ、家庭内暴力、低賃金労働、移民労働の女性、等々のイシューが語られる。この論文によって発展途上国の女性問題を全般的に広く概観することができる。

第七章は山本真鳥「ジェンダーの境界域——ポリネシア社会の男の女性《マン・ウーマン》」である。山本はポリネシア社会でしばしば、女性の役割を担う男性の存在が見られることに注目する。男の女性は、必ず女装しているとは限らないが、女性の仕事を好み、女装していなくても立ち居ふるまいが女性っぽい。男性と性愛をおこなう場合もあるが、性愛にあまり興味を持たない男の女性もいる。またこのときの性愛は外見的には同性愛であるが、現地の人々はこれをそのようにはとらえていない。似たような現象は世界の他の地域にも生じている。そもそもジェンダーとは構築されたものであり、演じられたものなのである。山本はこれらの現象の根底にあるものを同性愛の指向に置くのではなく、ジェンダー中心に考えるべきであると述べる。セクシュアリティと人格を結びつける西欧近代の思考はここでは通用しない。

さて、最後に一言。この論集がこうしてようやく陽の目を見ることになったのはまことにうれしい限りである。実現に当たって法政大学出版局の秋田公士氏には本当にお世話になった。また、これまでの「性と文化」の授業に関わりながら、この論集にはご参加いただけなかった方々にもこの場を借りてお礼申し上げたいと思う。

目次

第1章

江戸時代の性——その悪とめでたさ

田中優子

はじめに

江戸時代の性の文化を論ずるには、単に性の実態や日常生活における性を取り上げるだけではすまない。むしろ江戸時代の文化全体にかかわり、文化の中心に位置する「悪所（遊廓・歌舞伎劇場）」について論ずる必要がある。そのような考えから、ここではまず「悪所」はどのように成立し、何であったかを述べるつもりである。

二つめに、悪所でその中心となっていた「遊女」とはどのような人々で、何を求められていたか、を述べる。三つめに、悪所を舞台にしたさまざまな文化事象のなかから浮世絵、洒落本、黄表紙を取りあげ、悪所をどのように絵画や文芸化し、さらにそれをどう商品化したか、検討する。最後に、祭や夜這いを例に挙げ、それら日常の習慣がどのように性とかかわり、また性をどう捉えていたかを、考えるつもりである。

一　悪所の成立——遊廓・歌舞伎・淫声の成り立ち

我々の時代は、性は個人生活の中に隠れて存在する。それが表面に出てくるとしたら援助交際や犯罪など、特別な事件として社会問題にされた時である。しかし江戸時代にあっては、「江戸文化（あるいは上方を含めた近世文化）」というジャンルが成立する場が、そもそも性に深くかかわっていた。とは言ってもけっして犯罪的な意味においてではない。むしろ文芸的・芸能的な意味においてである。江戸時代の恋（と性愛）は演劇や音曲や文学と切っても切れない関係にあり、それは近世以前の古代からの歴史の結果である。つまり、近世特有の現象というわけではなく、日本の長い歴史の上で、性は文芸的、芸能的な形をとるものとして、存在したのである。古くは歌（和歌）が、東アジアでは非常に特殊な「恋」という巻をもつ勅撰（国家による選定）として成立した。中国文化圏においてこれはきわめて異例な出来事であり、日本ではあえてそれをおこなうことによって「国風＝和風」を成立させた、と言ってよい。つまり「日本的」を作り上げる過程は中国文化の「俗化」の過程であり、それは恋愛＝性愛の様式化をともなっていた、ということである。いったんそれが起こってしまえば、物語文学も、それをもとにした絵巻や工芸品も、当然の成り行きとして恋を中心としたものになった。

和歌は国家の中心と位置づけられたが、やはり天皇家のごく近くにあった現象として、「白拍子」の存在がある。白拍子は舞と音曲と唄をおこなう、男装した女性の芸人である。この「男装した女性芸人」という存在は近世まで引き継がれ、ついに歌舞伎を作り上げた。白拍子以来、彼女らが売色していたこともまた事実である。文芸のみならず芸能も、性愛と深いかかわりをもっていたのである。近世（江戸時代）とは、このような歴史的な現象を継承しながらも、一方でそれを徹底的に商品化し、また一方では、国家政策によって性と芸に分離して管理する、という時代であった。

性は個人的な営みであるが、同時に、長いあいだ多くの人々にとって生活手段であった。そしてその場合「性」とは性行為のみをさすのではなく、性を中心にして作り上げられた幻想（夢）の仕組み全体をさすのである。言い換えれば、現代社会でいうところの「昇華（性のエネルギーが社会的に容認される形をとること）」に近い仕組みなのだが、それは人間の性的な課題が芸能的、文学的な領域に形成されるだけでなく、そこを通って商業的な商品になり、経済を活性化させていく仕組みだったのである。

ところでこれは文化全体の仕組みであるから、そこから一部を切り離すことは困難だ。たとえば「遊《ゆう》廓《かく》（江戸幕府が一定の場所に限って遊女を集め置くことを認めたその地域。江戸では吉原のみ）」「岡場所（遊廓と同じ機能をもつが非合法の場所）」を論じる際、「それは現代の売春システムに相当する」と、今の概念にあてはめようとする傾向がある。その性格を否定するつもりはない。が、売春であると解釈して切り捨てた場合、江戸文化の重要な部分を一緒に切り捨てる結果となる。そのことに気をつけねばならない。性は生々しくあからさまな側面があると同時に、性は生のエネルギーである以上、あらゆる芸術に結びつくものであって、むしろそれが人間社会の自然な姿であろう。ギリシャ彫刻や壺の文様が裸体もしくは性行為を表現しているからという理由で壊されたなら、ギリシャ文化の主要なものを損なう。宗教的倫理的国家的理由で社会がそういう行動をとることはありうるが、我々の社会は日本文化に対してそういう態度をとるべきではないだろう。遊廓とは、そういう問題である。

江戸時代の遊廓は成り立ちからして、遊廓単独で論じることはできない。たとえば遊女の最高位の名称に「太夫」というものがある。これは慶長年間（一五九六―一六一四）の京都四条河原で、遊女たちが年に二、三度ずつ芝居をかまえ、乱舞・仕舞によって能太夫、舞太夫を勤めたことから来ている。最高の遊女は娼婦として最高なのではなく、能の太夫としてまず一流だったのだ。これは江戸でも同じことで、やはり慶長年間に江戸の東南の海沿いに「よし原＝吉原」と呼ばれる地域ができ、そこでは能舞台、歌舞伎舞台が作られ、勧進舞、蛛《くも》舞、獅子舞、相撲、浄瑠璃など毎日、さまざまな舞や芸能をおこなって見せていたという（三浦、一六一四）。また当時は葛城太夫、佐渡島正吉、村山左近、岡本織部、小野小太夫、でき島長門守、杉山主殿、幾島丹後守など、男性の名を称した「をしやう＝和尚」と呼ばれる女性の名人たちが吉原で活躍したが（三浦、一六一四）、同時に彼女たちは幕府によって幾度も追放や禁止の憂き目に遭っている。

女性の芸人たちが男性のスタイルや男性の名を使うことは、歴史的な事象であった。また遊女の遊は「移動する」という意味であり、かつては全国を移動する女性芸人のことをさしていた。一五八九年、原三郎左衛門が京都の二条万里小路に遊里を開き、一六〇二年にはそれが六条柳町に移る。おそらくそれと前後して江戸にも最初の吉原（第一次吉原）ができたと思われる。出雲の阿国に象徴されるように、移動芸人たちは都市への人口集中にともなって都市で興行するようになり、集客力があるという見込みが立つと、そこに興行主（プロデューサー）が出現したに違いない。吉原は通説では、一六一八年に庄司甚右衛門が幕府から葺屋町（現日本橋人形町三丁目）を給わって開設したことになっている。しかし三浦浄心はそれ以前に書かれた『慶長見聞集』で、すでに江戸に吉原があったことを述べており、吉原の中に先本町、京町、伏見町、境町、大坂町、墨町、新町、あけ屋町などがあったことや、吉原に行くために二本の堀にかかった二つの橋を渡らねばならなかったこと、それが「しあん橋」「わざくれ橋」と呼ばれていたこと、吉原が舞台を持つ芸能の場であったことをかなり具体的に記述している。さらにその中で、葛城太夫という名人が人気をさらっていたことや、その葛城太夫が吉原で能を演じて失笑を買ったことまで書いている。能の舞は遊女の芸のひとつだったが、江戸時代初期、「かぶき踊り」が日本中を席巻するようになると、人々はもはや能には見向きもしなくなった。やがて能は大衆のための芸能ではなくなり、権威をもちはじめ、武士階級の教養のひとつになってゆくのである。遊女は能ではなく、かぶき踊りの名人であってこその遊女となり、やがてそこに「三味線」というまったく新しい楽器が加わってゆくことになる。

かぶき踊りとは、かぶき者＝傾き者と言われる一種のやくざ者のふるまいを真似た踊りであった。傾き者は派手な格好に長いもみあげを生やし、長大なわきざしを腰にさして、長大なきせるのまわし飲みをする連中である。茶屋に出入りし、肩で風を切って歩く。きわめて男性的なふるまいをする者たちだが、それを阿国と呼ばれる女性芸人（遊行芸能民）が自分なりに編集しなおして作り上げたのが、男装のかぶき踊りだった。それを受け継いだ遊女たちは腰にわきざしを差し、長い髪を結い上げてはちまきを締めて舞台に立った。さらに和尚（卓越した女性芸人）は琵琶から三味線に移行した男性の盲人音楽家（盲人組織・当道座に属する）たちに、三味線の技能を伝承してもらう。京都六条三筋町のそのような遊女たちの姿は、『彦根屏風』（図1）に描かれている。『彦根屏風』にあるような遊女たちの様子はけっして京都だけのものではなく、人口が集中しはじめた江戸に及んで、第一次の吉原にもその姿を現わ

図１ 『彦根屏風』部分（彦根城博物館・国宝）

していたであろう。

この経過の中で舞台に登場した三味線の音は、時代の空気をがらりと変えた。すでに慶長のころに、江戸の舞台に三味線は登場している。一六歳ばかりの遊女五〇人、六〇人もが、伽羅（主にベトナムから輸入されていた香木）を焚きしめた豪奢な着物（ほとんどは中国製の絹を使用）の袖や裾をひるがえして踊る。そのたびに劇場にはエキゾティックな香りがたちこめ、「はつとたちては入みだれ、さゆうにわかてる舞の袖、是や五節の舞姫も、かくやとこそはおもはるれ」――動き入り乱れるかと思うと左右に分かれ袖が舞い踊り、平安時代の五節の舞姫もかくや、と思われるようだった、というダイナミックな舞台が展開する。「しやうぎに腰をかけならび居つつも、つれしやみせん歌をあげてはかき返し、いまやうの一ふしかや、夢のうき世にただくるへ、ととろととろとなるいかづちも、君と我との中をばさけじ」――遊女たちは床几に腰をかけて三味線を弾いた。鼓や笛にまじって何丁もの三味線の音が響き、「夢のうき世にただくるへ、ととろととろと鳴る雷も、私たちの仲を裂けはしない」と歌い踊るのだ。それを見る者たちは「今生は夢のうき世なり、命もをしからじ、財宝もをしからじ」と心狂ったという（三浦、一六一四）。大鼓、小鼓、笛など、能と同じ楽器で踊っていた時とは、舞台の様子が大きく変化したであろう。騒音楽器として登場した三味線をかき鳴らす「かぶき」という新しいジャンルは、中世日本とは異なる日本を作り上げたのだった。まさに「騒擾」であり、それは為政者にとって恐ろしい力だった。これ以降、三味線は「淫声」、すなわちみだらな音、と呼ばれるようになる。秩序をかき乱す音、という意味である。そうして淫声＝三味線はこの後ずっと、悪所を象徴する楽器となる（図2）。

都市に大人数を集積して人々の心をまどわす力は、遊行芸人の力をはるかに超えていたはずで、京都

図2 『四条河原遊楽図屏風』部分（静嘉堂文庫）

の六条三筋町、江戸の東南の海沿いにあったという第一次吉原は、色と芸能の両方の力を凝集した前代未聞の騒擾力のるつぼであった。だからこそ、幕府は手を打たざるをえない。一六一二年、幕府はかぶき者三〇〇人余りを逮捕、処刑した。一六一六年には駿河と江戸で女歌舞伎が禁止されている。そしてそのあいまを縫うようにして、庄司甚右衛門は町奉行に傾城町の設立を提案し、一六一八年にその許可が下りる。騒擾力を制御するための第二次吉原の成立である。その時に成立した吉原はもはや芸能民の吉原ではなく、まさに傾城の町をめざしていたに違いない。傾城町としての吉原が発展する一方で、女歌舞伎は度重なる禁止の果てに衰微してゆき、やがて一六二四年、中村勘三郎の芝居取り立て願いが許可され、中橋で若衆歌舞伎が始まるのだった。

こうして騒擾力に満ちた女たちの歌舞伎の時代が終わり、骨抜きにされた男たちの歌舞伎の時代がやってくる。さらに一六三二年、その猿若座は中橋から禰宜町に移転する。禰宜町とは後の堺町、葺屋町のことで、そのすぐ隣に、庄司甚右衛門の開いた吉原があるのだ。このように、女による傾城町と、男による芝居町という二つの区分け（秩序）ができあがった。非常に自由に見える江戸の悪所も、かように秩序立てられて発展してきたのである。

こうしてみると、ジェンダーの混乱状態は秩序の根本をゆるがすものであることがわかる。女歌舞伎は女が男装し、男が女装する世界だった。そしてそれこそが、人心を狂わせる根本であった。中国を中心とする東アジアでは、音楽は秩序維持の道具として男性がたずさわるものだったが、日本では琵琶の衰微の後、遊女たちが三味線を手にとった。三味線が「淫声」と呼ばれたのはひとえにそこに理由がある。悪所において我々が考えねばならないことはそうしたことであって、遊廓が性を売る場かどうかなど、それから比べればささいな問題である。

少しだけ、この後の歴史を追ってみよう。一六四〇年、京都六条三筋町の遊女たちは島原へ移転させられ、島原遊廓が成立する。一六五二年、若衆歌舞伎が禁止され、翌年、野郎歌舞伎が成立する。これは若衆（美少年）が女性同様、男性たちにとって性の対象だったからであるが、たった一年で野郎歌舞伎になったということは、実質的には、若衆の役者たちがヘアスタイルを変えて大人の男になったにすぎない。若衆という男でも女でもない中性的存在はその後も江戸時代の都市に生き続け、江戸のホモセクシュアルの中心を担うのである。さらに一六五七年、明暦の大火をきっかけにして吉原は浅草寺裏（当時としてはかなりの郊外）に移転し、新吉原（第三次吉原）が成立する。こうして吉原は完全に秩序の中に落ち着き、悪所とは名前だけとなった。一六八九年、踊子禁止令が出される。売色をする踊子を取り締まったと思われる。遊女が遊廓で全盛を迎えていたころ、かつての遊行芸能民としての遊女たちの系譜はどうなったのだろうか。じつは「踊子」として、脈々と存在していたのだ。しかし、芸能民でありながら私娼であり続けたその踊子たちは、この後もうち続く禁止令の中で消滅させられる。そしてやがて一八世紀に入ると、島原や吉原の遊女たちが芸の力を失い、踊子たちの出番がもう一度やってくる。それが、遊女を芸能の面で補佐する「芸者」であった。

二　遊女たち

遊女はもともとは遊行の芸能民であり、都市に廓や舞台を設けて定着したこと、そしてその後も影響力絶大な存在であったこと、しかし芸能と分離させられ、芸の力を失っていった歴史を見てきた。しかし芸能民としての能力を喪失させられた遊女たちは、それによって突然ただの娼婦に落ち込む、ということにはならなかった。依然として彼女たちは文化の中心に位置し続ける。そしてこんどは、小説と浮世絵の主人公になるのだ。

遊女についてはあらゆるジャンルが扱っているが、人々が遊女をどのような存在として見ていたかを知るには、井原西鶴の『好色一代男』『好色二代男（諸艶大鑑）』以上のものはないだろう。ここには遊女の憧憬に価する面と、そのずるがしこさとが両方描かれ、人間としてのけなげさと悲しさとの両面が描かれている。西鶴がこれらを書いたのは一六八二年から八四年であった。一六七〇年代から八〇年代初期の遊女たちの様子が描かれているということになる。前節で述べた歴史の流れで言えば、歌舞伎とはっきり分離された遊廓が、その新たな価値と特徴を作り上げている時期、と言っていいだろう。この時期の遊女には、没落した武家の息女たちも珍しくなかったという。遊行芸能民とはまったく異なる出自の女たちが、遊廓に入ってきていたのだ。その後、遊女たちの技能も技量も才覚も変化していったとは言え、西鶴が描いた遊女像は、現実の遊女たちにまちがいなく影響を与えたはずだ。約百年後の一七八〇年代の吉原の遊女たちでさえ、その才能や教養、人間としての技量などに、絶大なる誇りを持ち続けている。

西鶴が描いた遊女たちは「名妓」として名高い女性たちだった。外見については、『好色一代女』が、男性に愛され続けた女性の外貌を次のように描く。顔が丸く、肌は薄い桜色、眼がぱっちりして、眉と眉の間はゆったり。口が小さく、歯は粒ぞろいで真っ白。耳は長めで縁が浅く顔から離れている。首が長く後れ毛はない。手の指は細くて長く爪は薄い。足は親指がそっていて、扁平足ではない。胴は長く腰はしまっている。着物の着こなしがよく、全体に品格があり、気だてはおとなしく、女性ができるはずの技芸はすべてこなす、と。ちなみに、遊女は真冬でも客の前では足袋をはかない。素足の美しさは遊女とふつうの女性を隔てる代表的な特徴だった。またこのころの最高位の太夫は、ほとんど化粧をしない。素顔と素肌の際だった美しさもまた、他の女性と異なる特徴だった。

ところでここに書かれた「女性ができるはずの技芸」とは何か。『好色一代男』はそれを、さまざまな名妓に代表させて書いている。琴、笙、三味線、各種の唄など、芸人としての技術。和歌、生け花、茶の湯、能筆、文章（とくに手紙文）力、など武家の息女なみの教養。時計の調整（和時計の振り子の調整）、髪結い、碁、飲酒などの、実質的な技能。また姿勢としては、気持ちがおおらかで腹がすわり、下の者にやさしく、欲張りでなく、物を与えることを惜しまず、気位が高く、人前で食事をせず、お金の話をせず、人の悪口を言わない、という態度を貫くことである。まったく、人の能力を超えた人間だ。

遊廓である以上、そこには「床上手」という要素も加わる。床上手は「床上手にして名誉の好きにて」「床の手だれ賤しからず」「まれ成る床ぶり」と表現される。具体的に言うと、野秋という遊女は、肌がうるわしく暖かく、鼻息高く、髪が乱れてもかまわないくらい夢中になるので、枕がいつの間にかはずれてしまうほどで、目は青みがかり、脇の下は汗ばみ、腰が畳を離れて宙に浮き、足の指はかがみ、それがけっしてわざとらしくない。たびたび声をあげながら、男が達しようとするところを九度も押さえつけ、どんな精力強靭な男でも乱れに乱れてしまう。灯をともして見るその美しさ。別れる時に「さらばや」と言うその落ち着いたやさしい声。——床上手はたとえばこのように表現される。しかしこれを読んでいると、床上手とは物理的な事柄ではなく、演出能力であることがわかる。男性の反応をよく観察し、翻弄し、しかし受け身ではなく、相手に合わせながら常に自分がイニシアチブを取る。自分の高まりを観察し、徹底的に自己管理している。床上手とは遊廓においてはひとつの「芸」である。

初音という遊女は、座が静かになりすぎると笑わせ、通ぶった客はまるめこみ、うぶな客は涙を流さんばかりに喜ばせる。床に入る前は丁寧にうがいをしてゆっくり髪をとかし、香炉で袖や裾を焚きしめ、横顔まで鏡に映して気を付ける。簡単には身をまかせず、類まれな床のかけひきをする。遊郭では、誘うことと離れることとの巧みな組み合わせによって、恋のかけひきを演出するのである。遊客は芝居の中に紛れ込んだ登場人物であり、同時に観客なのだ。演出家は常に遊女であった。

ところで「香炉で袖や裾を焚きしめ」とあるように、遊廓では遊女歌舞伎を催していた劇場同様、香木が重要な役割を果たした。香木の最高級のものは「伽羅《きやら》」であり、ベトナムから輸入している。香木はもともと仏様のために焚きしめるもので、天上の香りと考えられていた。着物や髪型や容姿のみならず、揚屋のしつらえ、遊女の部屋の飾りつけ、茶屋や禿《かむろ》や練り歩きや芸者たちを総動員した配慮の行き届いた演出、そして伽羅の香り――これらはすべて遊廓を「天上世界」とするために実行され、遊女を人間ではない存在（天女）として作り上げるためにあった。そのように徹底的に鍛えられ、演出された遊女と比較した時、日常の女性たちがどう見えるかについて、西鶴はこう書く。「気がどんで、物がくどふて、いやしひ所があつて、文の書やうが違ふて、酒の呑ぶりが下手で、歌うたふ事がならひで、衣装つきが取ひろげて、立居があぶなふて、道中が腰がふらふらとして、床で味噌塩の事をいひ出して、始末で鼻紙一枚づつつかふて、伽羅は飲ぐすりと覚へて」（井原、一六九二）――鈍感で男の気持ちを汲めず、表現力が無いので何か言うとくどくどとなり、お金や食べ物にいやしく、手紙も書けず、酒は飲めないか飲み過ぎるかのどちらかで、歌は歌えず、着物の取り合わせのセンスは悪いし、動作にめりはりがなく、姿勢が悪く、床に入ると突然家計のことを話し出し、ケチで鼻紙を一枚ずつ使い、伽羅など使ったことがない、と。この表現をそのままひっくりかえせば遊女になる。敏感に人の気持ちを汲み取り、的確に言葉少なくものを言い、物欲しそうなところは一切なく、手紙が上手で、完璧に自分をコントロールしてきれいに酒を呑み、歌がうまく、着物のセンスに優れ、姿勢がよく、きっちりと歩き、日常のことは一切口にせず、何事もおうようで、そして、いつも伽羅の香りがするのである。まさに天上の女である。

おそらく遊女には、遊廓という非日常的な場を成り立たせるための人間＝天女イメージが植え付けられていったのだと思うが、それは単に容姿やみせかけの教養だけではなく、人柄や誇りにまで及ぶものだった。三笠という遊女は、「情があって大気」と表現された。おおらかで小さなことにこだわらない、という意味である。この言葉は三笠の人柄を表現している。三笠は、客に付き添って来た召使いや駕籠かきにまで気を遣い、禿《かむろ》（遊郭で修業中の少女たち）が居眠りしても常にかばってやり、遣り手（マネージャー）の計算高い注文には耳を貸さなかったという。夕霧という遊女は、八百屋や魚屋が慕ってやってきてもけっしてばかにすることなく喜ばせた。金山は、被差別民の客がついてそれが噂になると、衣装にあえて欠け碗、めんつう、竹箸、という乞食の印を縫いつけ、「世間はれて我が恋人をしらすべし。人間にいづれか違いあるべし」と言い放った。吉野は相手の親類縁者に結婚を反対された時、一族の女性たちを招待してもてなした。彼女たちは吉野の面白さ、やさしさにすっかり引き込まれ、かえって結婚をすすめるようになったという。小太夫という遊女は客から、「惚れているという誓紙を書け」と言われたが、「あなたはたいへん良くしてくださるのですが、私は惚れられないのです。嘘をつくわけに参りません。惚れていない、という誓紙なら書きましょう」と言い、実際にそうした。やがてその客が遊郭通いから引退する際、小太夫は着物を十枚贈り、遊女になった時から今日までのことを書きつづった文章を彼に捧げたのである。男として好きになれなくとも、世話になった恩は忘れなかったのだ。このように、一六七〇－八〇年代の全国の公認遊廓（京都の島原、大坂の新町、江戸の吉原）にいた遊女たちは、日常世界に住む女性たちと画然たる差をつけて、文化の中心に位置したのである。

これらをつづった『好色一代男』『好色一代女』『好色二代男』の「好色」という価値観は、このような遊女たちの存在によって支えられていた。好色とは、流行に敏感で衣類のセンスがよく、口の利き方が洒落ていて、人への配慮が行き届き、文芸の教養にぬきんでていて、音曲も得意で、恋心や性のかけひきについて熟知している、というありようをさす。男女ともに用いられる高い評価の言葉である。

しかし、西鶴は公認遊廓にいる最高位の太夫だけを書いたわけではなかった。さまざまな地方にいる多様な遊女を書いており、その中には金や食べ物にいやしい、商売気だけの遊女がいたことも確かである。『好色一代男』の主人公、世之介が磯の町という町に行った時のことである。和歌や謡の言葉に即座に反応する教養あふれた風呂女にめぐり会った。ところが、一目惚れした世之介が一緒に座敷に入ると、にわかに高い声で同僚の悪口を言い、雇い主への愚痴が始まる。朝食夕食に出されるみそ汁が薄すぎるとか、ハサミをくれることになってるがほんとに切れるのか、などと大声で世之介に語るのだ。立ったままで行灯を動かし、さかんにきせるを喫い、大あくびをしたり、障子の開け閉めに大きな音をさせて便所に立ったりする。横になったまま屏風の向こうへ話しかけ、体のあちこち蚤を探し、わざわざ客の前で時間を気にして見せ、話しかけても返事はせず、客の鼻紙を好き放題に使い、いびきをかいて寝てしまう。ユーモア小説としての『好色一代男』の面目躍如たる描写で、読者の笑いを大いに誘った部分だろう。しかもそれは、下級遊女や風呂女（あるいは女性一般）に少しはそなわっている欠点として、誰もが知っているからこそだった。

「寝覚の菜好」という話では、客が去って遊女たちだけでおしゃべりするのを、たまたま聞いてしまう場面がある。ある太夫は「まながつおの刺身が食べたい」と言い、ある太夫は「くるみあえの餅をあきるほど食べたい」と言い、その他の遊女たちも、鶏の骨抜き（骨を抜いて腹に肉や卵をつめて味付けして焼いた料理）、山芋の煮しめ、つちくれ鳩（大きな鳩の肉）、芹焼き（鴨やきじと芹とを醤油と酢をまぜて煮た料理）、金平糖、生貝のふくら煎り（鮑の甘煮）を重箱にいっぱい、と、次々と食べ物の話に花が咲く。今でこそ何でもないことだが、人前で食べ物や金の話をしてはならない天女のごとき太夫たちのことである。まさに暴露なのだ。しかし食べ物の話はまだかわいい。この章では金のことも暴露される。ある太夫は客のしていた緋縮緬の下帯（ふんどし）を無理矢理もらい、次の日には早速自分の脚布に直してしまった、という。またある太夫は巾着を肌身離さないが、その中には小判がたくさん入っていたという。「心根いやな事にぞ有ける」と、西鶴は書く。ただの遊女ではない。完璧を期待される太夫たちのことなのだ。またそれに続け、「此外《このほか》見とがめて、五とせあまりの事共、其かぎりしらず。名を書事もむごし」とある。これ以外にも五年ばかりの間に、遊女たちのいやな面をたくさん見てしまったが、その遊女たちの名前を書くことは残酷なので、そこまではしたくない、と。

もっとすさまじい話もある。世之介はある時、墓場で棺桶を掘り返す現場を見てしまう。「美しき女の土葬を掘返し、黒髪爪をはなつ」その男たちの言い分によると、「傾城町へ毎年しのびて売にまかる」ためで、それは「女郎の心中（心中立て）に、髪を切爪をはなち、さきへやらせらるるに、本のは手くだの男につかはし、外の大臣へ五人も七人も……送れば」（井原、一六八二）という。心中立ては心の誠を証明するために髪や爪や指を相手の男に渡すことだが、本物は間夫《まぶ》（恋人）に渡し、客五、六人には、業者から買った死人の髪や爪や指を手紙付きで送るのだという。西鶴はこうして、客をたぶらかす、金と食べ物にどん欲な遊女たちをも描いたのだった。

このように、伝説の名妓からふつうの人間にごく近い太夫まで、遊廓は文学にとって人間観察の場になった。むろんここに書かれているのは女性ばかりではない。客たちの様子ももちろんだが、若衆は当時ふつうの町人の男性にとって好色の対象であったから、芝居子《しばいこ》（昼間、役者として働く少年たち）や、売色の若衆たちも文学の対象となったのである。西鶴には『男色大鑑』という、男色のみを扱った小説もある。

三　浮世絵をめぐって

浮世絵は風俗図のひとつである。日本では一六世紀後半から、花鳥風月とは異なる洛中洛外図や遊楽図など、都市の光景や人間のありさまを屏風に描くようになった。一七世紀つまり江戸時代になると、『彦根屏風』や『湯女図』など、遊楽図の中に、遊女を描くものが出現する。『江戸図屏風』は洛中洛外図の発想を江戸にあてはめた都市図だが、この中にも吉原、若衆歌舞伎、浄瑠璃小屋、能舞台、風呂などが描かれ、それらはこの屏風の中心をなしている（図3）。このような屏風絵の推移があって、後の浮世絵がさかんに遊女や役者を描くようになったと考えられる。祭、花見、風景など都市の中には描くに価するものがたくさんあり、考えて見れば浮世絵が遊女や役者にテーマを絞ってゆくのは不思議な気がする。しかし実際にそれが起こった。いわば、都市全体を撮っているうちにカメラが遊廓や劇場に興味を覚え、その中に入ってゆき、そこに居る遊女や役者を撮るようになった、と想像すればよいだろうか。やがて江戸では出版がさかんとなり、浮世絵は商品となってゆく。そうなると、描く対象は商品として売れる対象、ということになり、同時に、絵師や版元に対して資本がつく（パトロンがつく）ことも、

図3 『江戸名所図屛風』部分・「遊廓」(出光美術館)

図柄の限定に影響を与えたであろう。吉原や芝居町はきわめて高度な商業戦略をもった所で、一八世紀後半にははっきりと、吉原、芝居町、版元、文化人たちの共同戦略が見られる。そこから考えると、遊女を描く美人画の誕生にも、吉原の戦略が関わっていなかったとは言えないだろう。

しかし、浮世絵が遊女と役者を描くもうひとつの理由がある。それは遊廓と劇場がやはり都市の中心であり、都市生活の象徴だからである。祭や遊楽(花見や紅葉狩り)は都市住民にとって重要な年中行事であった。だからこそ風俗画のテーマとなった。しかし遊廓と劇場では、毎日が祭なのである。祭の毎日、ハレの日常化こそが、都市というものの性質であった。遊廓と劇場が合体した初期の遊女たちのありさまに幕府が恐怖を感じたように、ハレの日常化は消費だけの生活を人々にもたらし、学問と行政と武道の修練を勤めとする武士や、正直と倹約と信用を宝とする商人や、地道な努力を必要とする農民たちの生活に多大な影響を与えたであろう。しかし悪所がそれだけの力をもっているからこそ、直接は悪所に近づくことのできない庶民たちにとって、その雰囲気を伝えてくれる浮世絵や洒落本や黄表紙や小説などは、手軽で安く、受け容れやすい人気商品となった。江戸の浮世絵が、地方からやってくる武士や旅人たちにとって重要な「みやげ物」であったことは知られている。浮世絵は祭の毎日をもった都市の空気を、悪所を通して感じさせてくれるきわめて魅力的な媒体（メディア）だったのである。

江戸の浮世絵の完成は菱川師宣《もろのぶ》によると言われている。遊女を描いた師宣や杉村治兵衛、懐月堂安度《かいげつどうあんど》、石川豊信《とよのぶ》、役者を描いた鳥居清信《きよのぶ》や清倍《きよます》、そして遊女ばかりでなく遊廓や芝居小屋の浮絵《うきえ》（遠近法絵画）を描いた奥村政信《まさのぶ》など、なるほど初期の浮世絵は遊女や役者、遊廓や劇場で埋め尽くされている。この後、一八世紀中頃の鈴木春信の時代になり、浮世絵版画の多色摺り技術が完成するころには、むしろ遊女ではないふつうの家庭の女性たちや茶屋の娘や子供たちも浮世絵に登場する。その後は歌麿をはじめ北斎や広重になると、植物や日常の人々や風景をも描くようになる。とは言っても、浮世絵師であれば誰もが描いた春画を代表的なものとして、やはり浮世絵と遊廓ないし遊女は切っても切れない関係にあった。悪所が存在しなければ、浮世絵は存在しえなかったのである。

とくに枕絵（春画）は、浮世絵師たち（下絵師、彫り師、摺り師）の経済と技能を支えていた。枕絵は裏ルートとはいえ、武家にも商家にもごく一般的に出回っていたので、当然のことながら、遊廓も大きな市場であったろう。そして遊廓は枕絵の買い手であるばかりでなく、そのモデルであり、逆に遊廓が枕絵によって遊廓外との関係を維持していた（つまり広告に使っていた）ふしもある。枕絵は遊廓への

図4　喜多川歌麿『歌まくら』(大英博物館その他蔵)

誘い水であり、また枕絵は遠方の客や裕福ではない人々にとって、遊女の浮世絵とともにバーチャルな遊廓、夢の遊廓として機能していたに違いない。遊廓は、実際の場所としての遊廓や、実在の遊女だけを商品化していたのではなく、その演出に付随する着物、かんざし、履き物、たばこ入れ、香木、化粧品、食べ物、酒、出版物、浮世絵などを全体的に広告し、市場を活性化する機能をもっていた。悪所、とりわけ遊廓とは、ひとつの仕組みである。悪所そのものが秩序を維持する機能でありながら、秩序を壊しそうなあやうい不埒な気配を帯び、その気配をかいま見せることで、そこにかかわるものを商品アイテムと化して消費させてゆく、巨大な仕組みだったのである。枕絵とは、その中で、けっして廃れることのない高額商品のひとつであった。

枕絵はその内容が非常に多岐にわたっているが、共通した特徴をもっている。そのひとつは、女性のみが単独で「鑑賞対象」として描かれることはなく、必ず男女もしくは男性同士の対（カップル）あるいは複数で描かれるということだ（図４）。女性の裸体を撮影したり彫刻したり描いたりするのは、そもそも日本の絵画の伝統の中にはない。それはギリシャ以来の身体についての思想に由来する。近現代の日本のエロティシズムは外来の影響を色濃く持っていると言えよう。それとともに性行為や性の快楽の享受者が、近現代では男性のもの、という考え方に偏っている。江戸時代では多くの文学に見られるように、恋の誘惑者は女性であり、恋とは性愛を必ず含むものであるから、女性は主要な性の快楽の享受者であった。当然のことながら、枕絵の鑑賞者から女性を排除することはできない。

対（カップル）で描かれるもうひとつの理由は、枕絵が「笑い絵」とも言われ、めでたいもの、という考えかたをその根本にもっているからである。政治権力がたとえそう考えたとしても、庶民にとって性は陰湿なものではなかった。陰湿であれば、西鶴や浮世絵や歌舞伎が、多くの庶民に堂々と受け容れられることはなかったであろう。笑い絵は、かつては戦場での弾除けのまじないであり、江戸時代では火事除けの意味を持っていたという。これは村の境に性器のシンボルが道祖神として置かれるのと同じで、性交のもつ生命エネルギーの利用である。

枕絵のもうひとつの特徴は、ほとんど裸体で描かれない、ということである。時代を経れば経るほど、性交中の男女、とくに女性は着物を着重ねるようになる。性交の情感や興奮は、まずそれを隠している布の色や襞の表現に現われる。とくに性器を縁取る下帯（ふんどし）や腰巻には緋色が使われ、それが額のようになって、性交を強調する構図が作られる。しかしそれは西欧の事例、あるいは今日の日本の事例のように、裸体に対する抵抗感や禁止から来るものではなく、裸体が性的な興奮の対象にはならな

図5　鈴木春信『六玉川・調布の玉川』
（東京国立博物館その他蔵）

いからにすぎない。日常を裸体で過ごす民族にとって裸体が禁忌の対象ではなく、よって性的な対象でもないように、何が性的な対象であるかは文化によって異なるのである。江戸時代の日本では、裸体、とくに上半身の裸体は性的な対象ではなかった。

　ここで上半身の、と限定したのには理由がある。遊女が素足で一年を通したことからわかるように、足は重要な性的対象であった。浮世絵にも早くからそれが現われ、枕絵ではないふつうの浮世絵が、風や動作で着物の裾がめくれる様子をたくさん描くようになる（図5）。遊女以外の女性をさまざま描いた鈴木春信の浮世絵では、とくに裾が重要視されている。江戸時代は、肉体労働にたずさわらない階層の女性たちは家の中でおはしょりを上げず、裾をひきずるのが着物の着方であった。足は一切見えないのである。それだけに、歩くときに裾を跳ね上げ、あるいは外でおはしょりを上げて（今の着物の着方）足を出して歩く姿は、女性の肉体を露わに感じさせる瞬間でもあった。

　浮世絵における身体表現は、身体のみ（裸体）でおこなわれることはなく、必ず着物の動きや着物の表現との関係でおこなわれる。それは浮世絵師それぞれの、表現の特徴を形づくってもいた。懐月堂安度をはじめとする懐月堂派の描いた、着重ねた豊満な着物表現（図6）、石川豊信や鈴木春信がおこなった、風になびく軽々とした着物表現、そして歌麿がおこなった、水のように下へ下へと流れながら身体の輪郭に沿ってゆくけだるい着物表現など、絵師によって個性が異なっている。浮世絵には身体表現がないのではなく、そのように、布によって身体を表現したのだ。これは文学がいかに布による人物表現を頻繁におこなっていたか、と合わせて考察してみると、興味深いテーマである。

浮世絵はさまざまなテーマを発見できる優れた研究資料である。性愛や身体感覚、布表現、歌舞伎研究、遊廓研究のみならず流行、産業、輸出入、住環境、都市環境など物質的な背景をそこから探り出すこともできるし、また精神分析家による親子関係の研究も、浮世絵をフィールドとしておこなわれている。

その研究で注目すべき点は「共視」という視点である。これは西欧絵画の親子関係との比較で出現し

図6　懐月堂安度『風前美人図』
(所蔵先不明)

た研究で、母子が同じ対象を眺め、その母子間の距離が子供の年齢によって正確に描き分けられている、という分析である（北山、二〇〇一および二〇〇二）。この「共視」は調べてみると男女間でも見られる（とくに春信）現象で、必ず対で描かれる枕絵も、この共視となんらかの関係があると考えられる。その場合、共視しているのは性的なエクスタシーそのものであるとすると、その男女は相手を見ているのではなく、相手との間に発生するエクスタシーを見ているのであり、床の中、そしてそれを取り囲む場（たとえば遊廓）は、共視を実現するための場、という位置づけになる。ここでは繰り返し「悪所」の重要性を書いてきたが、江戸文化論では何を論ずる上でも、「場」を考慮に入れる必要がある、と考えられる。「共視」とその「場」は今後、近世文化研究のキーワードのひとつになるかも知れない。江戸時代の性の文化は、「場」をめぐる文化である。

四　黄表紙・洒落本をめぐって

西鶴の活躍したジャンルを、後世では浮世草子という。西鶴の時代から約百年後になると、遊女や遊廓が登場する江戸時代の主要ジャンルは浮世絵を除くと、黄表紙と洒落本であった。黄表紙は江戸の絵本（赤本、黒本）が大人向きにブラッシュ・アップされたもので、大人向きであることの指標のひとつが、遊廓の登場であった。最初の黄表紙は恋川春町《こいかわはるまち》作・画の『金々先生栄花夢《きんきんせんせいえいがのゆめ》』（一七七五年刊）だったが、ここには遊廓が、都市の最高級の贅沢と快楽の象徴として出現している。金々先生とは、金持ちになりたくて地方から出てきた金村屋金兵衛という青年の、遊廓における渾名である。このような青年は当時、江戸にあふれるほどいたであろう。そして金兵衛は結局、遊女にだまされ、金をまきあげられ、まかされた店を倒産寸前にしてしまうわけで、遊廓は贅沢の象徴であるとともに、無垢で愚かな青年たちを陥れる罠として描かれている。

しかし遊廓はひとすじ縄ではいかない。黄表紙においては、遊廓は夢を実現するところとしても描かれる。山東京伝《さんとうきょうでん》は『江戸生艶気樺焼《えどうまれうわきのかばやき》』で、「艶気《うわき》」という好色に近い美意識を、最後は遊女とともに実現する。それは芝居がかった心中の美意識ではあったが、これを読む読者たちは「愚かな男だ」と思いながら、みずからの中にある夢を意識したことだろう。同じ山東京伝の『心学早染草《しんがくはやそめくさ》』では、当時はやりのいわばお気軽な生涯教育科目「心学」を、てっとり早い染料になぞらえてからかいつつ、人の中に住む善魂、悪魂を登場させた。当然のことながら、悪魂がやることはその人間を遊廓にいりびたりにさせることで、その結果、主人公は大酒を飲んで暴れ、賭博に手を出し、騙《かた》りまでやり、親に勘当される。この場合遊廓は「悪」の道に入るきっかけとされているのだ。しかしながら黄表紙は漫画である。読めばわかるように、小さな球体の善魂、悪魂の暗躍はひたすらおかしく、遊廓＝悪という図式の「おきまり」を、その全体として笑い飛ばしてしまっている。黄表紙は道徳的な皮をかぶって、そのじつ遊廓や芝居や本や艶気や金儲けなど、日常の悪いこと＝面白いことを存分に味わうようにできているのである。

遊廓や遊女ともっと直接的にかかわっているのは「洒落本」というジャンルである。黄表紙が子供の絵本から出てきたのと違って、洒落本は中国俗文学から出現した。いわば中国文学のパロディであり、知的階層によって作られていたのである。黄表紙が一八世紀後半にはじまったのに対して、洒落本は黄表紙より三〇年ほど早く上方で出現している。黄表紙は全頁が絵でできているが、洒落本はほとんど挿絵が無い。そして演劇台本のような会話体でできあがっている。

洒落本は中国文化のパロディなので、たとえば『遊仙窟《ゆうせんくつ》』という唐の物語が洒落本では『瓢金窟《ひょうきんくつ》』となり、『義楚六帖《ぎそろくじょう》』は『異素六帖《いそろくじょう》』になり、『楊子方言《ようしほうげん》』は『遊子方言《ゆうしほうげん》』になる。『聖《ひじり》遊廓』という洒落本があるが、それは孔子と釈迦と老子が遊廓にやってくる、という話だ。孔子の相手の太夫は大道、釈迦の相方はカリノヨ、老子の相方は大空。それぞれいかにもふさわしい太夫だ。茶屋の亭主は李白である。『和唐珍解《わとうちんけい》』という洒落本もある。この洒落本は、鄭成功《ていせいこう》和藤内《わとうない》（鄭成功というのは台湾に漢民族国家を作った日中混血の実在の革命家だが、それを近松門左衛門が芝居にしたときに和藤内という名前にした）が、長崎の丸山遊廓の中で、中国人商人相手の通訳として働いている、という設定で、丸山遊廓の洒落本として書かれたものだった。この本は本格的な中国語と日本語の会話で書かれている。

洒落本の世界に入ると、遊廓の果たしていたもうひとつの役割に気づく。それは「俗化の装置」という役割である。私は「悪所の成立」の最初で、次のように書いた――「日本的」を作り上げる過程は中国文化の「俗化」の過程であり、それは恋愛＝性愛の様式化をともなっていた――と。これは遊廓や遊女にそのままあてはまる。浮世絵では多くの「見立て絵」が描かれたが、そこで「寒山拾得」や「竹林七賢」など中国の故事の登場人物がことごとく遊女に変換された。それが「見立て」ということであり、俗化、俳諧（滑稽）化、ということだった。洒落本とはその俗化、パロディ化のためのジャンルであり、「パロディ」は、江戸文化の中心に位置し、江戸文化の核心なのである。悪所とりわけ遊廓は、そういう意味でも江戸文化の中心的な仕掛けであった。

洒落本は中国文化のパロディであったが、山東京伝はそれを遊廓ドキュメントとして独自なジャンルにした。『通言総籬《つうげんそうまがき》』（一七八七年刊）は、日本橋北の伊勢町新道に住む北里喜之介《きたりきのすけ》の家から始まる。この家は黒格子に蘭の鉢植えが飾られ、くだすだれが掛かっている。玄関の中では遊女あがりの妻とお手伝いさんがペットの狆《ちん》を洗っている。この情景からして、もっとも洒落た「通人の家」の象徴的イメージなのである。主人の喜之介は昼頃になってようやく起きる。夜は吉原に行って深夜に帰宅するからである。喜之介は起きると、柱に寄り掛かって三味線を爪弾く。部屋には宣徳火鉢があり、その上にかかっている広島やかんで茶をつぎながら、俵屋宗理の描いた菊文様の半戸棚から豆いりのコンペイトウを出し、客にふるまう。通人たちの会話は、遊廓の食べ物の話（扇屋で出すせんべい、四ツ目屋で出すカステラ、竹屋で出すあわび等々）から、遊廓の正月の装束、遊廓のはやり言葉、遊女の噂、文人仲間の噂、家の中の骨董品から陶器、金襴の名物裂でできた茶入れ袋や掛け軸の裂、書や絵画の話、三味線やめりやす節の話に及ぶ。通人とはどういう話をしていたものなのか、ここで私たちにもわかる。さらに、彼らの着ている着物やその取り合わせ、履き物、たばこ入れ、きせる、紙入れ、ヘアスタイルが詳細に描かれるのだ。後半では場所を吉原に移して、会話をちくいち記録する。山東京伝の関心はもはや、中国のパロディでも孔子をからかうことでもなく、失われるであろう遊廓という場のしつらいと習俗や、そこに出入りする通人と呼ばれる男性たちの美意識を、文化人類学者のような興味で記録することであった。ここからわかることは、山東京伝や当時の文人たちにとって、遊廓とはみずからの美意識を実現する文人サロンであり、それを受け容れてくれる稀な場所であった、ということである。実際、後に江戸文化として私たちが享受している代表的な浮世絵（歌麿、写楽、北斎など）や出版物は、遊廓に巻き込まれながら、この時代の空気の中ではぐくまれたものであった。

五　日常の性

江戸時代の性の文化は、今まで述べてきた遊廓、遊女、芝居、若衆、浮世絵、出版物などで、確かに代表される。出版物で言えばまだ言及していなかった「吉原細見」と呼ばれるガイドブックがあり、これは吉原に行く人々だけでなく、むしろ行かない人、江戸を訪れ、吉原を通りはするが座敷に上がることもなく帰ってゆく人々が買い求める出版物であった。太夫たちの名前を見ては、想像をはせるのであり、みやげ物としてもらって頁をめくっては、都市生活に思いをはせるのである。

ではそのように、遊廓という贅沢を味わうことのない人々にとって、性はどのような意味で「文化」として存在していたのだろうか。『好色一代男』「一夜の枕物ぐるひ」の中に興味深い記述がある。世之介は節分の夜、鞍馬山の市原に行き、「大原のざこ寝」という風習に出会うのである。この日は旧暦の二日で、月は出ていないも同然の暗い夜である。暗闇祭とも言われるこのような風習は各地にあり、相手の顔がわからない新月の夜に、一年に一度だけ、誰と何をしてもよい日があるのだ。いわば乱交であるが、これには外の血を入れる、という目的がある。同様の目的で、山中の村で妻や娘に、客人の夜の相手をさせる所もある。どちらも興味本位ではない。遺伝子の近い結婚が繰り返される集落にとって、外の血を入れることは死活問題であった。これはまさに、長いあいだ伝承されてきた「性の文化」だ。人間の生活においてはふつう、夫や妻に忠誠であるかどうかという抽象的な問題よりも、自分たちを支える共同体や家族がまともに存続し、優秀な人間が新しい時代に即応してより豊かな生活をもたらすかどうか、という具体的問題の方が、はるかに重要である。不倫だの忠実だのという事柄が問題になる暇で余裕のある社会は、江戸時代では武士社会だけであり、日本の歴史上では戦後つまり現代だけであろう。

性は豊饒を約束するものとして、陰湿などころか「めでたい」ものであった。枕絵の歴史を見ていると、まじないとしての機能を失った時代でも、笑いとしての機能は失わなかった。歌麿は、知人たちの実名を出した春本を作ることがあったが、問題にすらならなかった。武士階級を除けば、配偶者以外との性関係は醜聞などではなかったからである。むしろ笑いの種ですらあったようだ。また子供が性に関心を持ったとき、大人たちがどう考えたかは『好色一代男』の中にその事例が見られる。世之介は七歳の時に性に興味をもち、召使いを誘う。召使いはそれを「つつまず奥様に申して、御よろこびのはじめ成るべし」とある。世之介が性に関心をもったことを、両親は喜んだのだった。世之介の関心は次第にエスカレートし、八歳では夜中に女性に会いに行き、九歳では恋文を書くが、八歳で大人たちは「大笑ひ」し、九歳で大人たちは「腹かかへて笑ひける」だった。世之介が性に関心を持ち、それが次第にエスカレートしてくることを、親たちは「笑い」で迎えたのである。性はこのように「めでたい」のである。江戸時代は裕福な家庭であっても、子供がたくさん死んだ。三歳、五歳、七歳を祝う七五三は、その危ない節目を乗り越えてゆく重要な祭である。「七歳までは神のうち」と言われ、この年までは死んだとしてもあきらめるしかなく、葬儀も出さなかった。だからこそ、七歳、八歳、九歳と次第に性に関心をもつことは、その子供が健康であることの証だったのである。

大人になる過程で、村では「若者組」「娘組」など、性別、年齢階層別の組に入った。いわゆる「夜這い」と言われる風習はこれらの組が差配するものであって、さまざまなルールが村ごとに確立していたことが、民俗学では報告されている（赤松、一九九一および一九九四）。夜這いは結婚につながることもあるが、むしろ大人になるための道程と言ってよい。若者は夜這いで村の年上の女性によって筆おろしされ、村によっては非常にたくさんの未婚、既婚の女性たちと交わることになる。そのような生活は出産にどのような結果をもたらすだろうか、と私たちは考えてしまうが、DNA鑑定や血液型など存在しない時代、子供が正確には誰の子供であるか、つきつめて問うことは意味がなかったとも考えられる。むしろ子供がさずからないことの方が、問題は深刻だったのだ。

ちなみに出産は遊女や都市の未婚の女性、後家の女性にもついてまわった。しかしながら、里親、養子の習慣が社会に根付いていた江戸時代では、子供は誰の子供かという問題より、誰が育てるか、という問題として考えられていたのである。繰り返し名前が出ている歌麿や上田秋成その他、近世の絵師や文学者の中には、遊女が生んだと思われる子どもたちが少なくない。彼らは養子として裕福な商家で育てられ、みずから養子である自覚もあったが、それは特殊な事例ではないため、自分を特別な境遇だとは思っていなかったのである。

おわりに

江戸時代の性の文化を明らかにしてゆく目的は、日本以外の別の文化圏のそれを明らかにしてゆくのと同じで、現在の自分の常識を絶対だと思わないためである。現代日本の性に対する意識は、けっして自由でも明るくもない。一方で子供たちに対する禁忌が厳しく、その一方で暴力的な情報が日夜流される。若者組も娘組もなく、共同体の導きも、性への興味に対する大人たちの祝福も期待されない。人は大人になる過程で、みずから性を知り、自己肯定し、みずから律しなければならなくなっている。性が可能とする人間関係の深みを手に入れるためには、商業的な限られた情報ではなく、今こそ、文学や絵画や古典が必要なのである。

もうひとつ、最後に付け加えておかねばならないことがある。遊女という存在をどう考えるか、についてである。売春は悪である、だから遊女はあってはならない存在である、という理屈で、遊廓はまともに研究されてこなかった。その結果、仕組みとしての遊廓も明らかにならず、興味本位の「おいらん道中」がますます江戸時代の悪い面を強調することになった。とくに女性蔑視と結びつけられることによって、性は陰湿な場所においやられて行った。

癒着していた問題を切り離すことと、離れていた問題を合わせることによって、私は問題を整理したいと思っている。まず売春、買春、売色、買色は、江戸時代特有のものではない。古代から存在し、今でも存在する。次にそれは、男性から女性に向けられているだけではなく、双方、あるいは同性間であっても存在している、ということを確認したい。売春のもっとも大きな問題は、身体の部分化、商品化がなされる、ということである。それは性交をともなわないイメージとしての性の商品化も、同じことである。そして「疎外」「搾取」という言葉があてはまるあらゆる労働が、売春と似ている。売春は売春だから悪いのではなく、疎外、搾取がもっとも容易におこなわれうる危険な労働であり、病気の可能性のもっとも高い危険な労働だから、我々はその危険性を知っていなければならないのである。危険性の高さと商品価値の低さとのバランスを考えた場合、売春ほどそのバランスが悪い（合わない）商売は、他になかなか見つからない。

次に、売春はいつの時代でも、その周辺のものとともに見なければならない。売春がそれだけで成立する（性交とそれに対する支払いという一対一対応している）場面はむしろ少ないか、あるいは社会の底辺にしか存在しない。現代の援助交際のような事例は社会の底辺が共有する現象で、それをおこなう人々はまさに社会の底辺を生きていることとなる。であるから、覚醒剤やその他の犯罪と容易に結びつくのだ。また軍隊がそれをもっている事例はいつの時代もあるが、これも裏社会そのものである。

しかし性の文化全体を見ようとするなら、底辺だけ見るわけにはいかない。遊女とは、最初の節で論じたように芸人のことであった。遊廓と歌舞伎は一体化していた。江戸時代の遊廓と劇場の共通点は、「もてなし」の技術《わざ》と精神を極限まで磨き上げた所にある。これは「もてなしの文化」と言ってもいいが、それは劇場においても今はほとんど失われ、私たちはもう文献でしか知ることができない。たとえば今泉みねは『名ごりの夢』（今泉、一九六三）の中で、幼少のころの（江戸時代の）歌舞伎体験を語っているが、それは歌舞伎鑑賞の体験である前に、見事なもてなしの世界で時間をすごすことであった。遊女や遊廓における性は、最初は芸能の一部であり、次には高度なもてなしの文化の一部であって、性だけに注目するなら、ことの本質を見失うことになる。性を考えるとき私たちは常に、それをとりまくものとの関係に注意すべきで、それをおこなってこそ、性の文化がうかび上がってくるはずである。

第2章

梅毒流行諸相

苅谷春郎

はじめに

人類の歴史は、疫病との闘いの歴史でもあった。たとえば悪疫・ペストは、老若貴賤を問わず激しく侵襲し大量死という悲劇を繰り返し、人口動態上に急激な変化が生じ、その結果、国家体制や民族固有の文化にも多大な影響を与え、その時代に生きた人々を絶望の淵へと追いやった。

梅毒の病原体スピロヘータ・パリダ（*Treponema pallidum*）は、一五世紀末ヨーロッパ大陸に登場し、以後二一世紀の今日に至るまで人類の叡智を嘲笑うかのように、その時代を代表する梅毒治療薬＝水銀剤、サルバルサン、ペニシリン等の攻撃を掻い潜り、今なお人類をむしばみ続ける類い希なる病原体と言える。

A・カーレンは「その歴史は人間の健康と病気の関わりを研究する学者たちに、もっとも複雑でしかも興味津々たる論議を提供するものである」と言い、「梅毒の歴史はじっさいもっと複雑で興味あるものであって、正確を愛する人にとっては身動きならぬ泥沼であり、探索調査を好む人にとっては大きな楽しみである」と、まさに梅毒研究の難しさと同時に尽きぬ興味とその多様性について言及している。
性感染症は、いつの時代も「性に対する放縦と寛容」な社会風潮が温床となり、疫病の裏面史を彩り、数多《あまた》の悲喜劇を生み出してきた。

さて、二〇世紀後半に至りエイズ感染爆発の今日的状況は、中世から近世を生きた人々を苦しめた梅毒体験ときわめて酷似している。つまり数世紀にわたり「悪魔の病・梅毒」に恐怖し偏見と差別を繰り返してきた人々と、エイズ感染爆発で再び愚挙を繰り返す現代の人々のありさまは、昔も今も変わらない。そこで、梅毒流行諸相を追うことによって、梅毒体験から導き出された歴史的事実の中に、性感染症克服への手がかりが見いだせるのではとの思いから本研究は始まった。

一　梅毒の起源

梅毒の起源

梅毒の起源について、長年「新大陸移入説」と「太古存在説」が相互に譲らず甲論乙駁、いまだ両説共に大多数の人々を納得させる確証を得ていない。

梅毒の起源を語るとき、日本皮膚科学の泰斗・土肥慶蔵の名著『世界黴毒史』ぬきに語れない。
その土肥は「新大陸移入説」を強く主張し「十五世紀の終りに当たり突如として欧羅巴《ヨーロッパ》の文献中に出現したり、かくしてナーポリに於ける其の有名なる大流行が、閣龍 (Chr. Columbus) の亞米利加《アメリカ》より帰航後に属し、一四九三年五月の初め盛大なる儀仗兵を以てバルセロナ市に歓迎せられ、衆庶環視の間に女王に謁見して、もたらす所の黄金・珠玉・名香・珍禽及び黒奴を献上したり。此時一行中別にスピロヘータ・パリーダなる一種の原生動物をも竊《ひそ》かに携帯せし者あらんとは後にぞ思ひ合されける。本病は早くも全市に流行し、続いて他処に蔓延せり」（土肥、一九二一）と新たなる疫病の始まりを告げる。

次いで、一四九四年九月フランス王シャルル八世のイタリア遠征に際し「一種の猛悪なる疫病卒然として現れ、軍隊及び市民の間に大流行を来せり」と、梅毒は処女地ナポリを想像を絶する激しさをもって人々を襲ったという。

当時の人々にとって、ナポリの疫病はあまりにも突然の出来事であったのであろう、この疫病を互いに忌み嫌いイタリア人は「フランス病」と、フランス人は「ナポリ病」とそれぞれに呼称し、相手の国名や地名を病名に冠し罵りあったという。

シャルル軍の進軍を迎え撃つナポリ王は一千名の守備兵を籠城させ、そのうち約三百名がスペイン人であった。城中の食糧が枯渇するにつれ、真っ先に婦女子を城外に解放したところ、即座にフランス兵によって捕らえられ、その際、籠城中のスペイン兵に感染させられた婦女子からフランス兵へと伝播した。

その後、ナポリ軍がスペイン軍と連合し、逆襲に転じたとの報を受け、フランス王シャルル八世の混成軍はナポリでの布陣を解き撤退したが、その帰還兵によって梅毒は全欧に拡散し世界的流行をみたという。つまり土肥は、梅毒の起源こそコロンブス一行のスペイン兵に始まると「新大陸移入説」を強く主張した。

さらに土肥は、全身症状を呈する梅毒について観察した文献が一五世紀以前には見当たらないとし、真向から「太古存在説」に反論を加えた。以後、日本においては土肥の主張する、コロンブス一行が持ち込んだ「一種の原生動物」による「新大陸移入説」がゆるぎない定説として定着した。

しかしヨーロッパでは「太古存在説」を主張する人々がその後も続き、たとえばナポリのヨアンナ女王の売春法令に一四九二年以前に梅毒の存在を裏書する条項や、デンマークから発見された古いイタリア語の資料にフランス病の処方がみられたとされるが、いずれの文献、資料も「新大陸移入説」を論破する証拠とはなりえなかった。

ところが梅毒菌の立場と生態学的・歴史的観点にもとづくバイオヒストリーの幅広い研究の成果が「太古存在説」に有力なてがかりを与えた。

エリス・ハドソンらは「病気を世界各地に広げたのは貿易、移民、海運業ばかりではない。人間生活におけるほとんどあらゆる変化が他の動物とその細菌、そして人間の細菌にも新しい適応を要求する」とし、それが梅毒の適応過程にも見られるという。すなわち一万五〇〇〇年前にはいくつかの皮膚病の病原菌は本質的には同じであったが、人間の住環境と生活様式の変化に合わせて病原菌は巧みに人体上の住処を変えて（乾燥した皮膚の表面を嫌い温かくより湿り気の多い口腔や性器といった部位）寄生し、ときには突発的に病原菌の性格そのものも変えながら分離独立を繰り返し非性病型・風土病型梅毒から今日の性病型梅毒へと変性してきたというのである。

図1は、エリス・ハドソンとC・J・ハケットのバイオヒストリーによる見解に倣って筆者が作図したものである。

それによると、ヨーロッパ最初の梅毒流行は奴隷商人によってスペインに運ばれたイチゴ腫で、温暖な気候の中でイチゴ腫から梅毒へと変異し、一四九四年の大流行をもたらしたとの見解をもつもので、

図1　性病型梅毒に至る推移
（『病気はヒトをどう変えたか——梅毒の起源』から筆者が作図）

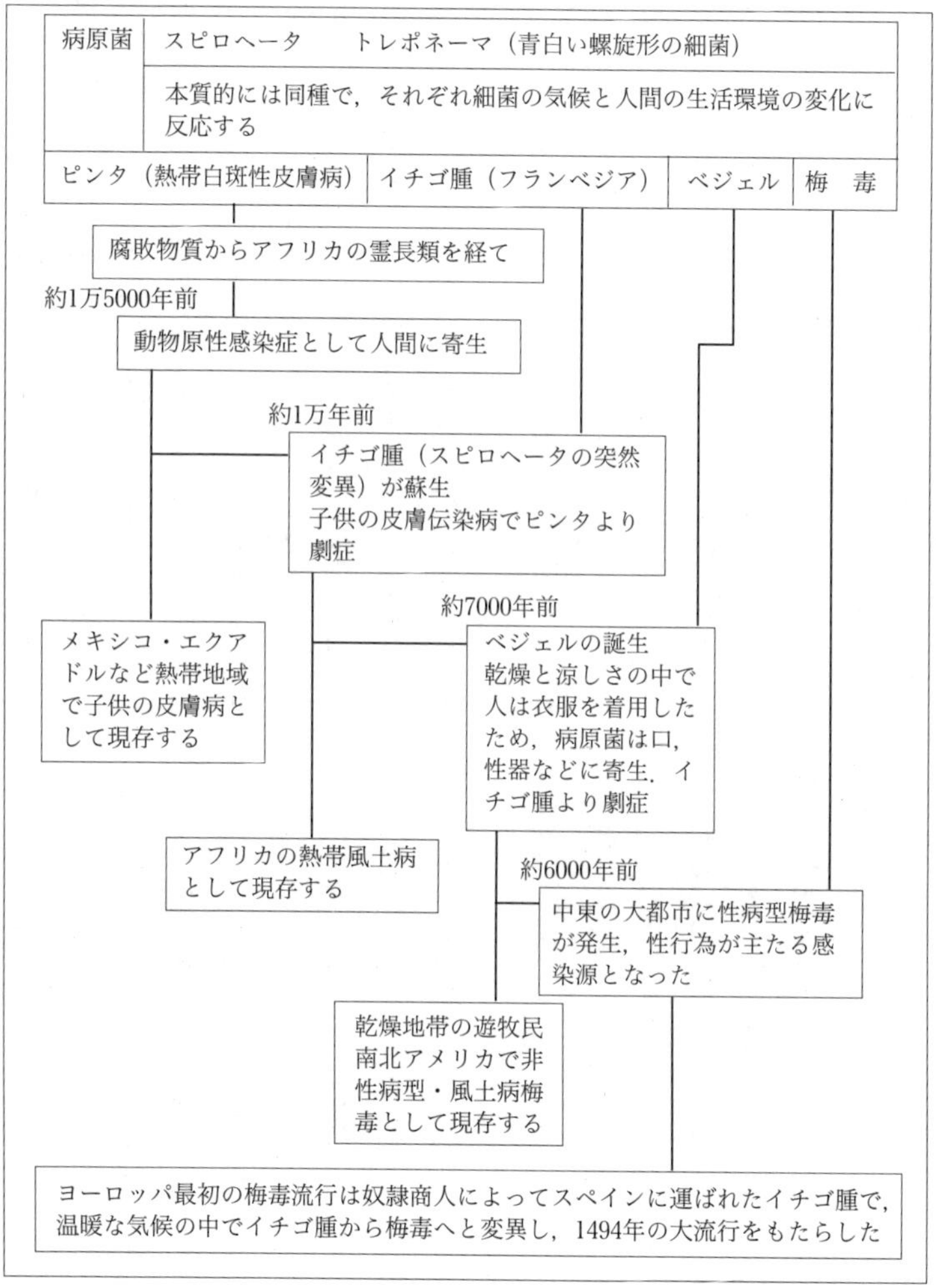
病原菌
スピロヘータ　トレポネーマ（青白い螺旋形の細菌）
本質的には同種で，それぞれ細菌の気候と人間の生活環境の変化に反応する
ピンタ（熱帯白斑性皮膚病）
イチゴ腫（フランベジア）
ベジェル
梅　毒
腐敗物質からアフリカの霊長類を経て
約1万5000年前
動物原性感染症として人間に寄生
約1万年前
イチゴ腫（スピロヘータの突然変異）が蘇生
子供の皮膚伝染病でピンタより劇症
メキシコ・エクアドルなど熱帯地域で子供の皮膚病として現存する
約7000年前
ベジェルの誕生
乾燥と涼しさの中で人は衣服を着用したため，病原菌は口，性器などに寄生．イチゴ腫より劇症
アフリカの熱帯風土病として現存する
約6000年前
中東の大都市に性病型梅毒が発生，性行為が主たる感染源となった
乾燥地帯の遊牧民
南北アメリカで非性病型・風土病梅毒として現存する
ヨーロッパ最初の梅毒流行は奴隷商人によってスペインに運ばれたイチゴ腫で，温暖な気候の中でイチゴ腫から梅毒へと変異し，1494年の大流行をもたらした

マクニールも「この病気は新大陸との接触とは関係なしに起こったに違いないのだ。フランベジアをおこさせるスピロヘータの一系統が、皮膚から皮膚へという感染経路を辿るのがますます難しくなったため、それに代わり性器の粘膜を通って宿主から宿主へと移行することによって、その困難を乗り越える方法を見出した。一六世紀末、さしもの梅毒も勢力が衰えた。この感染症の激越な型が死に絶えていったのだ。それは宿主と寄生生物の間のノーマルな適応が始まったことを示す。つまり穏やかな系列のスピロヘータが、宿主をあまりに早く死なせてしまう系列に取って代わり、またこの微生物へのヨーロッパ人の抵抗力も増えたのである」と環境の変化と宿主と寄生生物の適応について言及している。

両者とも病原菌が人の環境の変化とともに適応し、さらに長い時間をかけて非性病型から性病型へと変異してきたという。この「太古存在説」の主張には説得力があり「新大陸移入説」に充分対抗できうるものであろう。

ではここで、私見を交え、あえて梅毒起源説をまとめてみよう。

筆者は、やはりエリス・ハドソンらが唱えるピンタ、イチゴ腫、ベジェルは本質的に同じもので、それぞれの細菌の気候と人間の生活環境の変化に巧みに適応し、長い歴史のなかで変性を繰り返しながら細菌がもっとも棲息しやすい湿度と温度が保証される部位すなわち人の性器に定住し、性病型梅毒として一四九〇年代になって突然爆発的流行が始まったという説が妥当と思われる。

ではなぜ「コロンブス=梅毒=一四九〇年代の爆発的流行」が主張されてきたのかを推理してみよう。

一四九二年八月三日アンダルシアのパロスを出航したコロンブスの一行は、翌一四九三年三月一五日にパロスに帰着した。アメリカ新大陸の発見は、ヨーロッパ世界の人々にとって経済的、精神的大変革をもたらす偉大なる出来事であった。

一四九三年という年は、史上最悪の年といわれた一三四八年のペスト大流行と同様、当時のヨーロッパの人々にとってもっとも衝撃的出来事があった年として記憶されていたはずである。コロンブス一行が新大陸発見という土産を携えてパロスに到着してまもなく「新しい疫病」の兆しがみえ、シャルル八世の軍隊がヨーロッパ大陸蔓延の引き金となったのも事実であろう。だがしかしコロンブス一行が「新しい疫病」をもたらしたという確証は何もない。

さらに土肥の『世界黴毒史』が引用した床屋医者とも作家とも言われるディアス・デ・イスラの『治験録』が刊行されたのは、なんとコロンブス帰港から約三〇年の歳月が流れていた。当時、豪商フッガー家がこの『治験録』を利用し、新大陸から輸入した梅毒治療薬＝癒瘡木（新大陸から伝播した梅毒には新大陸の癒瘡木こそ薬効ありとする主張）にからむ利潤追及という資本の論理がはたらいたとしても不思議ではない。すなわち、あくまでも「太古存在説」が前提となり、さきにも述べた人為的諸条件と時代の節目としてわかりやすい年、すなわちコロンブスがパロスへ帰着した一四九三年が「新大陸移入説」に拍車をかけ、もっとも人々に知られるところとなったと思われる。

日本上陸と黴毒の原義

永正九（一五一二）年『月海録』に「永正九年、仁申、人民多有レ瘡、……謂二之唐瘡、琉球瘡一」、翌一〇年『妙法寺記』に「永正十年、此年天下ニタウモト云フ大ナル瘡出デ平癒スルコト良久、ソノ形トイヘバ、癩人ノ如シ」（富士川、一九四一）とあり、日本における梅毒記述の初めとされる。一四九四年スペイン・バルセロナでの悪疫流行は、またたくまにヨーロッパ全土で猖厥をきわめ、インドには一四九八年バスコ・ダ・ガマが率いる船乗りとともに現れた。次いで、スマトラ島を経て東シナ海沿岸の貿易港を次々侵襲し、中国には一五〇五年に、さらに琉球・長崎・関西の堺へと上陸、中国、畿内地方を蹂躙し、わずか一年で江戸から東北へと北上を続け、日本全土に蔓延した。当時の交通、物流手段を考えるならば、空気感染をしないこの疫病の驚異的伝播力に当時の人々は恐れおののいたに違いない。

梅毒は、流行初期には楊梅瘡と呼ばれ、安土桃山時代の天正年間、この疫病名がすでに記録されている。楊梅瘡の楊を略し梅瘡・黴瘡と呼ぶようになったが「黴」と「梅」は字音が近いことや、画数の少なさから、略字あるいは当て字として多用され「梅」の字が一般的表記として定着していった。

さらに梅毒の呼称は、各国それぞれ伝播先の国名や地名を冠し、人々から忌み嫌われた。

たとえばイタリア人はフランス病・フランス人病、逆にフランス人はイタリー病・ナポリ病と言い、ドイツではポーランド病、イギリスではフランス病またはスペインの痘（POX）と、中国では広東瘡・広瘡、琉球では南蛮瘡・ナンバル、日本でも琉球瘡・唐瘡と呼び、互いにこの恐ろしい疫病流行の責任を隣国になすりつけたが、他の疫病ではあまり見ることのない、特異な現象の一つである。このことは、あまりにも突発的に、激しく侵襲された人々がいかに恐れ忌み嫌ったかを知る上で重要な手がかりを与えてくれる。

しかしこの疫病が全国に蔓延するに至り、医師の診療体験や中国からの文献を引用し、楊梅瘡、綿花《めんけ》瘡《そう》、天疱瘡などと呼ばれるようになった。さらに慢性的疫病として日本の風土に定着していく過程で、各地に固有の呼称も生まれていった。

二　江戸の梅毒

梅毒と遊女

徳川家康は天正一八（一五九〇）年八月にひなびた江戸に入城、慶長八（一六〇三）年二月に征夷大将軍となり江戸の開発が本格化し、やがて三代にわたる将軍によって江戸城が完成、徳川幕府の基礎がここに造られた。

その後、島原の乱を最後に幕藩体制を揺るがすような内戦は封じられ、二五〇年もの間、きわめて安定した平和な社会が維持された。東海道を筆頭に五街道の交通網が整備され、江戸市街は拡張し続け百万都市として膨張していく。また安定と平和を享受する武士やそれを支える町人たちは競って江戸独自の文化を創出し、表面的には活気に満ちた社会が構築されていった。

新開地・江戸は江戸城を中心に膨張を続け、建築、土木の新規事業がさかんにおこなわれ鳶職、大工、左官職、屋根ふき職人らや、一攫千金を夢みて全国各地から人々が流入し、厳しい競争が間断なく繰り広げられ、武士、職人、商人たちが巷を闊歩する男あふれる男社会であった（表1）。

加えて、三代将軍家光の専制的支配を確立するために諸大名の「参勤交替制と諸大名妻子在府制」が施行され、諸大名に仕える武士は妻子と離ればなれの単身赴任生活を強いられ、江戸での性生活に大きな問題が生じた。

表1　江戸の男子人口の変化

年代	男子人口の％
1721（享保6年）	64.48
1746（延享3年）	60.18
1832（天保3年）	54.53
1860（万延元年）	50.76
1867（慶応3年）	49.18

女性の不足は、幕府公認の吉原の遊女だけでは足りず、岡場所といわれた寺社門前町の茶屋や四宿（品川・新宿・板橋・千住）の旅籠屋の食盛女《めしもり》、辻々にたむろする夜鷹、水上の船饅頭など、江戸市中各所に私娼窟を散在させることになった。

当時、主な梅毒伝播者は諸国から参勤交代に同行する武士であったが、彼らは、原則として妻子を同伴することができなかったので、道中はもとより江戸在任中も、さかんに遊里に出入りした。参勤交代の武士を介し梅毒は、道中で感染し江戸へ、江戸で感染し国元へと、遊女との交わりを通じ恐るべき速さで全国各地へと拡散していった。

豊前中津の儒医・香月牛山は『牛山活套』の中で「楊梅ハモト下疳瘡ヲ伝染シタル人之ヲ耻テ治スルコ遅滞〆一変〆便毒トナリ便毒一変〆楊梅瘡トナル京都江戸大坂等ノ都会ノ所ニ多キ煩也鄙野ノ地ニハアルコ少シ京ニテハ湿気ト云何レモ娼妓ニ交媾〆伝染スル病也……」と都会地での流行と梅毒の感染源が遊女にあることを指摘した。

生活苦のため廓社会に身を転じた遊女たちは、非衛生的な集団生活を強いられ、たちまちにして悪質な病気を患い、若くして結核、脳膜炎、麻疹、痘瘡、水痘、風疹、虎列刺（コレラ）、流行性感冒、赤痢などに罹患した。箕輪浄閑寺の過去帳に残されている遊女の死亡平均年齢は二一・七歳という悲しい数字に、一見華やかにみえる廓社会の過酷な実態がみえてくる。

特に梅毒は、遊女になった以上避けて通れない業病として恐れられ、感染した遊女の扱いは冷酷を極め、病状の回復に見込みがない場合は、廓内の行灯部屋に閉じ込め看護も食事も十分に与えられず、病状の進行にまかせ放置された。さらにまったく回復する見込みのない重病人は、証文とともに国元にひきとられるか、菰に包んで墨田川に流されたという。遊女にとって「重病」の二文字は死への旅立ちを意味していた。

梅毒は感染後第一期から四期に大別される（表2）。三期に至れば皮膚、内臓、骨、筋肉などを侵し、さらに四期の麻痺性痴呆へと進行し廃人への道を辿るなか、遊女としての商品価値を失い下級遊女へと転落していった。

江戸の民衆は、梅毒にたいしても疱瘡などでみせた心情と同様、梅毒を恐れ忌み嫌いながらも、どこかおおらかに対処していた。日本人の無頓着とも思えるおおらかな姿に接した宣教師ルイス・フロイスは「日本では、男も女もそれを普通の事として、少しも羞じない」と、幕末に来日したポンペは売春と梅毒の因果関係を指弾しながら「このもっとも恐るべき状態がますます深刻に拡大しつつある」と驚きをもって記す。

男子は梅毒に感染してようやっと一人前、誰もが感染したことを隠そうとせず「皮《ひ》鮮《ぜん》七度《ななたび》梅《か》毒《さ》三《さん》度《ど》」梅毒感染

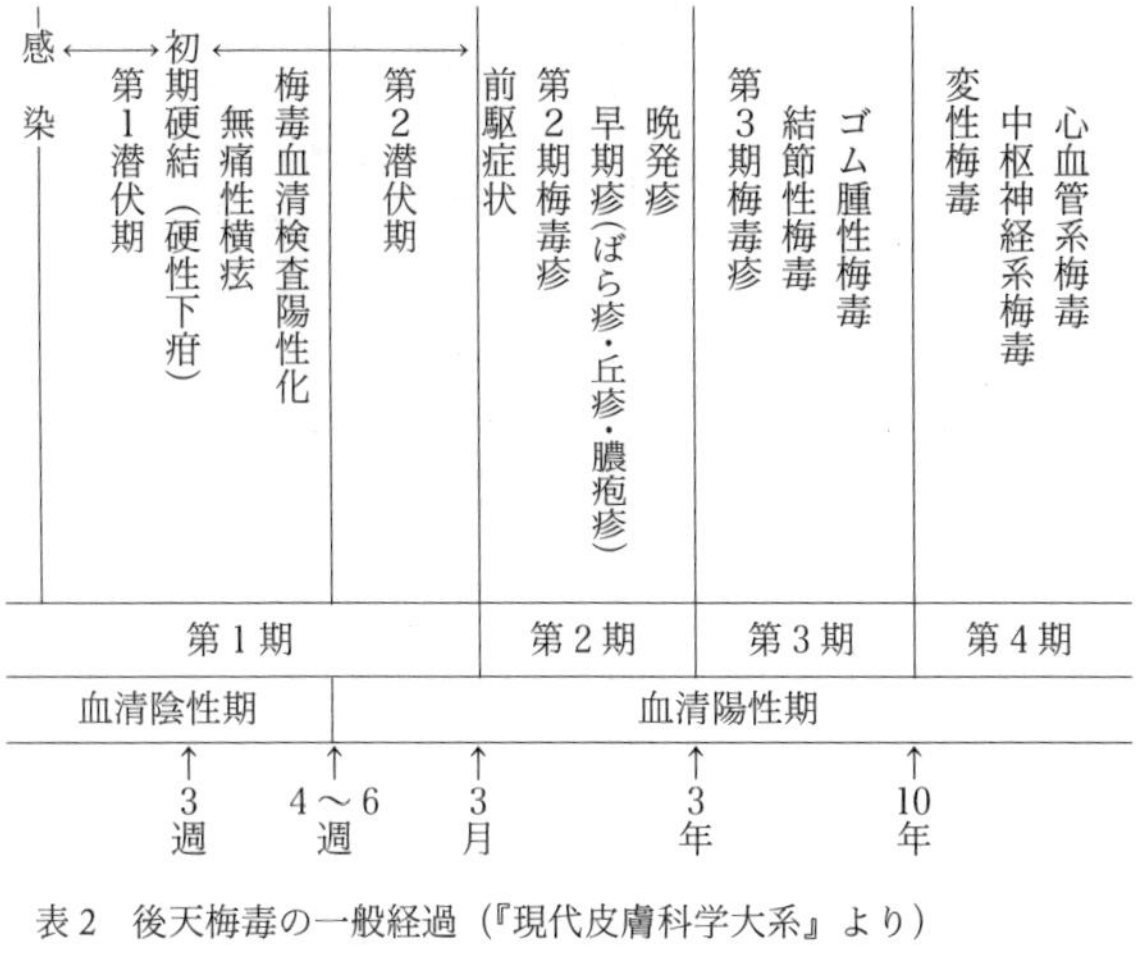

表2　後天梅毒の一般経過（『現代皮膚科学大系』より）

の洗礼をうけることなどあたりまえといった風潮こそ、梅毒の伝播速度を加速させる一因ともなった。

梅毒と川柳

江戸の梅毒流行諸相を知る上で、江戸川柳は多くの資料を提供してくれる。

たとえば、吉原の遊女、夜鷹、母や妻、治療薬「山帰来」、笠森稲荷の参拝客と辻番、患者と医者の対話、湯治、など梅毒諸相がユーモラスに描きだされている。

民衆のなかに蔓延した梅毒をも笑いとばし、親しんでしまおうとする日本人特有の疾病観が基調となり、梅毒にまつわる柳味豊かな川柳が生み出されていった。

そこで、梅毒に感染し、笑い、悲しみ、怒り、からかい、開き直る、庶民の喜怒哀楽をかいまみてみよう。

馬鹿な高慢おらがかさは吉原

岡場所の下級遊女からではなく、幕府公認の吉原の高級遊女から梅毒に感染したのを仲間に自慢している、「かさ」は梅毒の別名。

まだ髪が多いとどらの師匠いひ

梅毒第二期に入り、髪が抜け始めたどら息子に向かって遊びの師匠がまだ遊び足りない、もっと遊べと……。

客帳の紙（髪）げつそりと鳥屋で減り

第二期にはいり鳥屋につき、客もつかずひっそりと部屋にこもっているところ、客帳は客の名や収入を記した遊女のメモ帳。

どら息子親の目を盗んで鼻が落ち
鷹の名にお花お千代とはきつい事

鷹の名とは夜鷹のこと、お花お千代は鼻落ちよ……。

山帰来さてかさ張った薬なり
頂いて飲むもくやしき山帰来

山帰来は梅毒の治療薬。

生薬屋やっと聞取るひゃんきらひ

鼻骨が欠損し、山帰来をひゃんきらひと求める客の聞き取りに、苦労する生薬屋の主人。

辻番の裏にほされる山帰来

町の警備にあたる辻番も瘡毒に蝕まれた「かさっかき」。

笠森へなんで行きゃると苦労がり

笠森は瘡《かさ》を守る稲荷、そこへ熱心に通う息子を心配する母のせつない親心。

土団子虚病と見える買手あり

茶屋の娘「お仙」みたさに梅毒にかかってもいないのに、茶屋へ冷やかしにくる若者。

覚えござりやせうと外科はしやれ

はははぁ天ッ晴と外科きさくなり

外科医者と患者のユーモア溢れる診療風景。

鼻くたの浄瑠璃を聞く草津の湯

べら棒め又わづらへと湯女の文

草津の湯は梅毒湯治の場。

江戸の疱瘡に草津のささ湯なり

江戸の疱瘡重きが上の墨衣

江戸の疱瘡は梅毒の異名。治療、願掛け、湯治などあらゆる手当ての甲斐もなく、墨衣を着て各地を巡礼懺悔の孤独な旅。

梅毒と稲荷信仰

当時、瘡毒地獄にあえぐ人々は安らぎの場を「かさもり信仰」に求めた。盛時には笠森の祠に続く参道の両脇に茶屋が軒を連ね、終日参詣客で賑わったという。

「江戸に多きは伊勢屋、稲荷に犬の糞」と囃し立てられるほど、流行神信仰として種々の稲荷が江戸市中に続々と開帳された。江戸の町では農業の守護神にとどまらず漁業神、商業神、人名、地名、利益《りやく》等々幅広い信仰内容が盛り込まれたが、これらの稲荷は、はやりすたりも激しく流行現象が繰り返された。

「かさもり稲荷」もその一つ、なす術もなくジワジワと瘡毒が全身を浸蝕する慢性疾患・梅毒に、江戸の人々はすがる思いでこの稲荷に蟻集した。

東京・谷中に「瘡守稲荷」と「笠森稲荷」が現存し、双方の稲荷とも「諸瘡に効験」「腫物の平癒」とあるので、治病祈願のうちでも特に皮膚疾患に効験いちじるしいことを謳い文句に「瘡《かさ》の神」として瘡毒に苦しむ人々の信仰を集めている。

その笠森稲荷の水茶屋に「明和の三美人」と評された笠森お仙が参詣客相手にお茶や団子のサービスをしていたが、お仙の群をぬく美しさが評判を呼び、茶屋は繁盛したという。

明和六年（一七六九）には、妓女や茶汲み女の中から美女三十六歌仙なるものを選び、さらに美女のなかの美女六歌仙が選出された。

上上吉　・浅草すみよしや　おとみ
上上吉　・橘町弁天　おみつ
上上吉　・かぢ町　おいと

大極上上吉・笠森かぎや　　おせん
上上吉　・橘町　　　　　おかね
上上吉　・中ばし　　　　文字民

これを見てもお仙は「大極上上吉」と他を圧する美しさであったことがうかがえる。

ではなぜ、「お仙」が短時日に江戸市中の人気者になりえたのだろうか。

それは浮世絵師・鈴木春信の筆力に負うところが多く、彼の描くところの「柳腰の楚々たる素朴な娘」の絵姿が人気に拍車をかけ、さらにその評判を聞きつけて芝居小屋・森田座が明和五（一七六八）年に中村松江主役で、翌六（一七六九）年には市村座で吾妻藤蔵が「笠森お仙」を主人公にした芝居を打ち評判を呼んだ。

さらに加えて、抜け目のない商売人が競ってお仙グッズとも言うべき、絵草紙、双六、人形、手ぬぐい、団扇などを売り出し「笠森お仙」は江戸市中くまなく庶民の知るところとなった。

鈴木春信描くところの「笠森お仙」（図2）は稲荷近くの鳥居の下や、茶屋の床几前で三宝やお盆に団子をのせ、参詣客に渋茶をサービスする姿が多く描かれている。お仙の美貌は春信の錦絵によって人々に知られ、一方春信は江戸随一の美貌を誇るお仙を素材にしてその天分を遺憾なく発揮、錦絵の祖としての地位を確立したといわれる。

この鈴木春信の筆力にのって、水茶屋の娘「お仙」の美貌と評判は江戸は言うに及ばず、全国に広まっていった。

図2　「笠森お仙」(『原色浮世絵大百科事典』より)

図3　中野・正見寺　お仙の墓（左）

ひっきりなしに参道を行き交う瘡毒の参詣客やその連れに、「土のかえ〜　米のかえ〜」と茶屋の若い売り子がさかんに声をかける。これから願掛けに向かう人は、ここで土の団子を買って笠森稲荷に団子をお供えし全快を祈願した。

やがて願掛けの甲斐あって梅毒の苦しみから抜け出た人は、喜々として「米の団子」を携えて稲荷へ願ほどきに出かけたという。

この願掛けに供した土の団子は、戦前は功徳林寺境内の笠森稲荷祠周辺の土中から数多く発掘され、そのつど土団子を祠の裏に積み上げてあったが、後に梅毒史や稲荷研究にたずさわる研究家らが持ち去ってしまい、現在は一つも残っていないという。

一方願ほどきに供した米の団子については、現在も花柳界の人々を中心に、米の団子に代わり清酒を献ずる風習が「かさもり信仰」として密かに継承されている。

しかしこの人気者・お仙（二〇歳）は明和七（一七七〇）年の春、谷中笠森稲荷の水茶屋から忽然と姿が消え、詮索好きの江戸庶民はあれこれ「お仙」の居所をつきとめようと奔走したが行方は杳《よう》として知れなかったという。

事実は、お庭番・倉地仁左衛門の養子・倉地政之助に嫁ぐため水茶屋を去ったものであり、詮索好きの江戸庶民の空騒ぎとはほど遠いものであった。

倉地政之助は御休息御庭番者支配百俵高から、払方御金奉行六十俵・四十人扶持・御役料百俵に出世し、明和七（一七七〇）年お仙と華燭の典をあげ、政之助とお仙の間には長男久太郎のほかにも子供ができ、彼女の後半生は武家の妻として母として静謐《せいひつ》な生涯を送っている。

深照院清心大居士　文化五年戊辰年六月下旬九日
深敬院妙心大姉　文政十年丁亥年正月下旬九日

中野・正見寺本堂裏手の奥まった一隅に倉地家の墓所が現存し、お仙の後半生の暮らしぶりがうかがえる様子、ひときわ小さな墓石に「深敬院妙心大姉・文政十年丁亥年正月下旬九日」とある。笠森お仙・享年七七歳であった（図3）。

三　検梅制度の変遷

検梅の始まり

長崎へ樺太へと押し寄せる米・英・仏・露国の異国船来航が、幕藩体制に揺さぶりをかけたが、実はこの外圧こそわが国初の検梅制度を生む端緒となった。

すでに欧米では一六世紀イタリアを中心に梅毒専用の病舎の建設が始められ、娼婦は警察署に出頭し健康であることを証明しなければならなかった。保護監督が義務づけられていて公権力のもとでの検梅が実施されていた。

次々と押し寄せる異国船の圧力に対し、「異国船打払令」を緩和せざるをえなくなった江戸幕府は、嘉永六（一八五三）年四月米国艦隊提督・ペリーの浦賀来航を機に日米和親条約、ロシアとは日露和親条約を締結し、開国の機運が急激に高まっていった。

そんな最中、来日異国人は、梅毒に冒され市中を徘徊する庶民の姿に驚愕し、積極的な感染防止策を幕府に進言した。

万延元（一八六〇）年当時、ロシアは英・仏国と交戦状態にあり、ロシア軍艦・ボスザニク号は艦修復のために長崎に入港し、修復期間中に限り乗組員は稲佐、平戸に居住することが許可された。その際、艦長・ピリレフは花街に遊ぶ乗組員が梅毒に感染することを恐れ、長崎奉行に対し娼婦の梅毒検査を徹底するよう懇願し、これを受け長崎養生所教授・ポンペと蘭方医・松本良順らによって長崎・稲佐において梅毒検査を実施することになった。これが俗に言う「ロシア女郎衆の陰門開観」と言われ、日本における検梅の始まりである。その検査は「ロシア・マタロス（水夫）どもへ売女を提供する前に、道具をもってドクトルが陰門を検査し、無病の女だけを用いる」と、いやがる娼婦を強制的に検査し、親子、親戚一同悲嘆にくれたといわれ、わが国初の検梅は無慈悲そのものであった。

その後、松本良順は梅毒の害を憂え江戸の根津に検梅をともなう「医学所駆黴病院付町屋敷」と称する遊廓をもうけ、ようやく梅毒予防の機運が江戸幕末社会に芽生えてきた。

一方、慶応三（一八六七）年駐日英国公使館付医官として来日していたウイリアム・ウイリスは、「日本の売春」と題し、幕末横浜開港場の外国人相手の遊女の実態と梅毒蔓延の状況について「江戸では遊女の約一〇パーセントが梅毒にかかっているとみられるが、横浜では、この病気の割合はすくなくとも江戸より二倍も多い。この国では、梅毒はしばしば顔の骨を腐蝕し、目や鼻や髪が欠落したり、体中に広く発疹ができたりして、その病気の威力のまぎれもない痕跡を残している」とし、さらに「わが国（英国）の外交部門や領事部門が日本の支配階級に影響力を行使することが唯一の道であり、開港場に日本政府が適当な病院を設立し、十分資格のある人物が、一週に一度、すべての売春婦を定期的に検査しなければならない」と検梅実施を具体的に建言した。

さらに慶応元（一八六五）年に着任した英国公使S・パークスは、横浜山手町に駐屯していた英国軍隊（俗称・赤隊）の兵隊たちの中に、花柳病に感染する者が多発していることを憂え、慶応三年九月「彼我国民の黴毒感染を予防せん事を幕府に稟議せらし」と明治維新直前に、ウイリスやパークスの尽力によって本格的検梅制度が始動することになった。

検梅制度の実態

横浜開港場には、多数の軍艦、商船が寄港するようになり、外国人乗組員や居留民がさかんに娼妓と接しては梅毒に感染するのを憂え、これを未然に防止しようとの目的から梅毒検査と治療を専門とする梅毒病院が開設された。

慶応四（一八六八）年四月八日神奈川県奉行所は、廓主に対し梅毒病院を設立するため一部屋を提供するよう命じた。廓主一同は連名で「近頃不景気につき病院の設立はしばらく御猶予願いたい」との嘆願書を提出したが聞き入れられず、官命によって横浜吉原遊廓吉原町会所を仮事務所にして、佐藤佐吉（岩亀楼主）の長屋を仮病院として開設した。

同年四月一二日より英国海軍軍医G・ニュートン（図4）が着任し、無報酬で横浜港遊廓遊女に対し週一回の検診を実施、これが制度としての検梅の始まりである。

開設当初の病院仮規則を見ると、強制入院を指示された娼妓は食事、夜具布団など日常身の回りの品を抱え主が用意し、入院・治療費用も主人より取り立てると明記されているが、実際その負担は娼妓の借金として重くのしかかっていた。

英国人は、この梅毒病院を「The Lock Hospital」と呼び、文字通り厳重に施錠管理された検梅施設であり、病院というよりも強制収容所に似た施設であったと思われる。

図4　G. ニュートン軍医

岩亀楼の長屋を仮病院として開設した梅毒病院は、政府出資による本格的病院建設に着手、同年六月一八日吉原区病院として正式に発足した。

当時の梅毒検査は、娼妓自身の健康や日本人の感染防止策のためにおこなわれたのではなく、幕末の混乱時に締結した不平等条約のもと、横浜開港場に一獲千金を夢見て蟻集した外国人を保護するために実施されたもので、娼妓に対する人権などはまったく配慮されていなかった。

それゆえ、検梅を忌避する者が多く、抱え主が必ず責任をもって遊女を病院につれて受診するようにとの通達が出され、週に一度の徹底した娼妓の検梅管理によって江戸幕末期から明治初期にかけて梅毒罹患率が急激に低下し、初期の目的は十分達成された（表3）。

この結果に勢いを得たニュートンは、長崎港、神戸港、大阪港、東京へと次々に黴毒病院を設置するよう計画を進めていたが、明治四（一八七一）年一月、長崎滞在中脳溢血に倒れ急死、検梅制度が緒に就いた矢先の出来事であった。

ニュートンによる検梅・駆梅運動は、娼妓の感染を抑止しただけでなく、梅毒の恐ろしさを広く認知させる好機となり、ようやく官民あげての啓蒙運動が芽生えてきた。

しかしニュートンの死後、横浜黴毒病院院長の後任として英国軍艦セラミセの軍医として勤務していたセジュイックが英国代理公使・アダムスに任命され就任することになったが、なんらその業績を残すことなく半年で帰国。

次いで、開設当初から英国側の押しつけとも思える院内規則や外国人医師と日本人雇医師の雇用差別などに不満が鬱積、さらに加えて新政府のあずかり知らぬ場での英国側の一方的人事決定に「あたかも我国内に外国病院あるが如き状態」といった不満が募り、明治五年（一八七二）一月神奈川県令・陸奥宗光は外務省と文部省に、外国人医師を排斥し一般病院と同様文部省管轄に移管し民間経営に委ねるべきと訴えを起こし、外国人医師の排斥運動が起きた。だがしかし、英国は明治新政府に断りなく軍医ヒルの院長人事を一方的に通告、院長排斥問題を抱えたまま、翌年一月、ヒルは院長として診療を開始した。

当時、大火によりほぼ全焼してしまった横浜吉原遊廓は、交通至便な地を移転先として模索していたが、高島嘉右衛門は、品川－横浜間の鉄道開通後の埋め立て地・高島町の賑わいを想定し、遊廓誘致を積極的に画策し、明治五年五月に土地建物などの賃貸期間を一〇年とする契約を締結し、ここに高島町遊廓が誕生した。

ヒルは高島町遊廓移転にともない、明治六年三月高島町九丁目の高島嘉右衛門の持ち家に仮病院を設

表3　ニュートンの検梅状況

検梅総数			3,084
種別	健康者数		2,374
	患者数		737
	月経中の者		256
患者病類別	梅毒原発症		54
	全身梅毒		70
	淋疾		157
	白帯下		210
	子宮口潰瘍		172
	肥大増殖		42
	剝脱		32
	合計		737
在院患者の動態			
種別	繰越患者	前月より	93
	入院患者	本月中	56
	退院患者	本月中	70
	治療中の者	月末	79
入院患者病類別			
梅毒原発症			54
全身梅毒			2
併発症 全身梅毒	皮疹	薔薇疹	2
		膿疱疹	3
		扁平湿疣	5
		丘疹	1
		皮膚潰瘍	1
	便毒		18
	骨痛		4
	咽喉		5
	骨膜		2
併発症 淋疾	尿道		1
	膣		1
併発症 その他	疣贅		2
	白帯下		3
	横痃		3
合計			51

疾患調査方式	
患者姓名，年齢，楼名，入退院月日の外下記の病症を区別せり	
原発性梅毒	潰瘍の症状
	部位
	数
全身梅毒	悪液質
	皮疹
	脱毛
	便毒
	骨痛み
	咽喉
	眼
	骨膜
	骨
淋疾	陰門
	尿道
	膣壁
	子宮
其他疾患	子宮口潰瘍
	横痃
	疣贅
	痔核
	剝脱
	疥癬
	腺病
	痔瘻
	帯下

け、翌年一〇月高島町海岸に高島町黴毒病院を設立し本格的な検梅・駆梅の治療を再開した。

ニュートンが検梅した頃の娼妓の罹患率は、二三・九パーセントであったが、これを大きく下回る一・九パーセントの数値を示し、執拗な排斥運動に怯むことなく検梅・駆梅の実効を上げるための啓蒙活動を展開し、新聞紙上で検梅制度の必要性を訴えた。

検梅・駆梅制度の確立に辣腕を振るったヒルは、在任六年三カ月をもって明治一一年四月九日帰国した。後任として海軍軍医・ローレンソンが横浜黴毒病院院長に着任、横浜、長崎、兵庫の各港を巡回検診し、さらに神奈川県内の各遊廓へと監督の手を拡げていったが、在任三年で明治一四（一八八一）年五月二七日に帰国。

ローレンソンの帰国によって、三港の黴毒病院は日本人医師に委ねられたが、すでに横浜山手に駐留していた英仏両軍は、明治八（一八七五）年から撤退を始めていたこともあり、英国軍医が率先して検梅をおこなう必要性もなくり、すみやかに権限が委譲された。

富国強兵を画策し近代国家の建設をめざす明治政府にとって、亡国病と言われた梅毒の蔓延は、喉元に刺さる棘のような存在であったが、最大の感染源である遊廓を公認したままでの検梅制度にはおのずから限界があった。

昭和二（一九二七）年「娼妓取締規則」は「花柳病予防法」に変わり、昭和三三（一九五八）年四月の売春防止法の実施により公娼制度は廃止され、梅毒・娼妓病院と共に検梅制度は消滅した。

四　駆梅法の変遷

山帰来から水銀療法へ

梅毒に罹患した人々の症状とはいかなるものだったのであろうか。

儒医・香月牛山は『牛山活套』で「楊梅瘡経」曰《ヨ》不《ル》愈ハ或ハ鼻爛」鼻柱朽落シ口臭ク唇欠ケ或ハ腕ノ折目膕中ニアツマリ毒気膿ヲナシ或ハ総体ノ瘡乾テ総身疼痛シ或ハ骨ウヅキニナリ或ハ眼ニ毒入リ或ハ耳聾シ種々ニ変化スルニ因テ其人終ニ廃人トナル者ナリ之ニ因テ人之ヲ悪ミ嫌フ大風ニ類スルナリ……」と、その症状は顔面の組織欠損、全身の発疹と瘡、節々の激痛、失明、聾唖さらに進行して脳への転移から廃人へと辿る経過を台風の猛威に例え、その病状を記した。

江戸に梅毒が蔓延しはじめた当初、その原因を元禄年間の医師・岡本一抱などに見られるような「便毒、下疳、楊梅瘡ノ三症、其所因同シクシテ、只毒気ノ軽重浅深アルノミ」「又大抵便毒ハ下疳ノ始メ、下疳ハ楊梅瘡ノ始メトス」と、性行為感染症としての認識に乏しく、湿熱、湿気、湿毒に因る自発性の疾患であると信じられていた。

しかし梅毒が遊廓、宿駅を介して江戸、大坂市中に至り、後世医方を代表する医師・香月牛山なども「楊梅ハモト下疳ヲ伝染シタル人、之ヲ恥ヂテ治スルコト遅滞シテ一変シテ便毒トナリ、便毒一変シテ楊梅瘡トナル、何レモ娼妓ニ交媾シテ伝染スルノ病ナリ」とようやく性行為による伝染性疾患であるとの認識を持つようになった。

だが当時の漢方医の治療法となると、単に清浄用煎薬を患部に使用する程度であったため、梅毒の猛威に人々はなす術もなくただ恐怖するのみであった。

当時、梅毒治療の「秘薬」として「山帰来＝土茯苓」が珍重され、さかんにマカオ・広東などから輸入されていた。

梅毒の流行初期にはまったく治療の手がかりもなく、末期に至り山野に放置され死を待つのみであったが、「山帰来」を服用すると病人も山から帰ることができたということから「山帰来」と命名されたというが、漢方医が秘術を尽くし調合した駆梅剤にはほとんど薬効はみられなかった。

江戸の漢方医は、享保一〇（一七二五）年中国・陳司成の和刻本『黴瘡秘録』により水銀駆梅法を知ることになるが、水銀による強い副作用を恐れ実際の治療に用いることはなかった。

安永四（一七七五）年、蘭医・ツンベルクの来日によって、日本の医学界は本格的な水銀駆梅法を学ぶことになった。

ツンベルクは、蘭方医や通訳らに昇華した水銀剤を少量の水で溶かした砂糖液と混ぜて服用するよう指導し、その劇的薬効に漢方医たちは驚き「超自然的な力」によるものと考え、水銀療法を熱心に学んだ。

その後、水銀療法を会得した漢方医たちは、水銀剤の調合と治療に秘術を尽くし、日本人の手による医家向け梅毒専門書が続々と刊行されるようになり、江戸から明治にかけ水銀療法は駆梅法の主流となった。

だが、この水銀療法も劇的薬効の裏に潜む強い副作用があり、梅毒患者にとって真の福音とはなりえなかった。

杉田玄白曰く「黴毒ほど世に多く然も難治にして人の苦悩するものなし」との述懐は、同時に医を業とする者の苦悩でもあった。つまり劇症型の病態、「楊梅瘡ヲ発シ、眉髪脱落、両股ニ大瘡ヲ発シ、大キニ腐爛、疼痛。又陰門中痛デ、小便スル毎ニ拳ヲ握号泣」にみられるような激痛が感染者を襲い、病状の悪化とともに譫妄《せんもう》、錯乱状態を併発し、さらに加えて「口中腫レテ爛傷シ痛ミ、涎沫ヲ吐キ、精気労《つか》ル者アリ、是レ薬ノ瞑眩ナリ」など、水銀のサジ加減によって強い副作用をいかに抑え込むかが、漢方医の腕の見せ所でもあった。当時としては画期的な水銀療法の出現も、駆梅剤としての薬効に限界があり、必ずしも梅毒の恐怖を軽減する特効薬とはなりえなかったことがうかがえる。

秦佐八郎と魔法の弾丸サルバルサン

日本の近代化は、明治新政府によって欧米型制度の導入や改革によって進められた。とりわけ医学界は、西洋医学へと劇的な転換をみせ、漢方治療の補助手段にすぎなかった西洋医学が日本医学の主流を占めるに至った。

駆梅法そのものは、西洋医学の新しい知見をもってしても水銀主体の治療法から脱却できぬまま時は過ぎていった。しかしドイツに留学し細菌学の研鑽に励んでいた若き学徒・秦佐八郎がついに「サルバルサン発見」の偉業をなしとげた。

梅毒病因論に関しては「星や惑星の位置の悪さ」「湿毒、湿熱、湿気」「体液のアンバランス」によるとされ、数世紀にわたり病因を特定できずにいたが、細菌学の新たなる展開によって、駆梅法近代化への道が切り開かれることになった。

明治三八（一九〇五）年、ベルリン国立衛生研究所のF・シャウデンとE・ホフマンが、第二期の梅毒疹から梅毒の病原体を発見し、スピロヘーター・パリダ（*Spirochaeta Palidum*）と命名し、梅毒がスピロヘーターによって発病することが報告された。

世界の研究者が必死になって追い求めていた梅毒の病原体発見により、動物実験への成功と血清診断法が導きだされ、二〇世紀初頭の医学界はようやく梅毒撲滅にむけての組織的研究が始まった。

ノーベル賞に輝くP・エールリッヒは、アフリカのドイツ植民地で流行していた「眠り病」について有効な化合物を模索していたが「アトキシル（Atoxyl）」が鶏のスピロヘーターに有効であることに着目し、有機化学者・ベルトハイムにさまざまな砒素化合物を合成させ、その殺菌効果と毒素試験を動物に繰り返すよう命じた。

一九〇七年エールリッヒは、一連の合成物が六〇六番目に達した物質の特許を取得したが、助手から動物実験による有効性が実証できないとの報告を受け、この六〇六号は駆梅剤としてのリストから消去されようとしていた。

そこで、六〇六号の化合物の実験に行き詰まっていたエールリッヒは、八年間ペストに感染することもなく研究をなし遂げた秦の頭脳と緻密さに着目し、実験の協力者として秦に白羽の矢を立てサルバルサンの実験研究を再開した。

ベルトハイムが合成・分析を秦が動物実験を担当し、最初の三カ月は種々の色素、キニーネ誘導体、水銀、砒素、アンチモン化合物などの生物活性を験べた。

秦は、鼠に病毒を接種し発病させ、さまざまな化学薬品で治療する作業を繰り返した。さらに再帰熱以外のスピロヘーターにも対象を広げ、鶏から兎の角膜や陰嚢に植えられた梅毒への薬効試験を系統的に進め、ようやく六〇六号がもっとも優れた化合物であることを証明した。

ついに、エールリッヒをして「不撓不屈の人」と言わしめた秦佐八郎によって、再び一九〇九年六〇六番目の砒素化合物は脚光を浴びることになった。

秦の忍耐力と緻密さにより、少しずつ梅毒スピロヘーターの動きを抑える化学物質が絞りこまれていくのだが、サルバルサンに至る過程で副作用という大きな壁につきあたり、何度となく研究を振り出しに戻さなければならない局面に遭遇した。たとえば、効果の方面では期待通り優秀な成績を示しながらも、家兎までの過程においてまったく想像できなかった不愉快な副作用（頭や頸をたえず振り動かすという）が突然現われ、大きな壁に突き当たった。

しかし、イタリアのベロナ（Verona）大学で梅毒スピロヘーターを家兎の陰嚢に移植する実験が成功したとの報告を受け、みずからイタリアに飛び梅毒の入手と移植法を学び、さっそく秦は持ち前の精密機械のような正確さと注意力をもって作業を進め、一九〇九年六月ついに砒素化合物ジオキシ・ジアミノアルベンツォール塩酸塩という薬品が副作用も少なく梅毒スピロヘーターに有効であることを確認し、同年六月一〇日に早くも六〇六号（サルバルサン）の製造特許を申請した。

かくしてエールリッヒと秦は、六〇六号を連名で学会に発表し、次いで一九一〇年四月ウィスバーデン（Wiesbaden）で開催された第二七回ドイツ内科学会にて、エールリッヒと秦と臨床実験を担当したE・シュライバーも加わって発表し、ドイツ国内で大きな反響を巻き起こした。

当初、六〇六号はエールリッヒ研究所で製造分配されていたが希望者が殺到したため、染料会社ヘヒスト社が製造許可を取得し「助ける」という意味のラテン語“sa- lvaren”から商品名を「サルヴァルサン(Salvarsan)」と命名し、ただちに製造販売を開始した。

「魔法の弾丸・サルバルサン」の薬効に接した人々の熱狂ぶりはいかなるものだったのか。『六〇六号観・田中友治』によれば、

六〇六号六〇六号と口に陽気に発せざるも耳には何となく耳障り悪からず、六なる文字二つ飛んで重ねたるは却て愛嬌ある所なるべし、日本男子の武勇を輝かせしめたる二〇三高地にあらざるも日本学者秦氏の奇蹟を顕わしたる品なるを以て我同胞は殊に六〇六なる称号に親昵する所なり（略）花柳病の王たる梅毒を一回の注射を以て治するを得るは事の誠に容易なるのみならず、月に酔い華を称するも失明欠鼻の罹患なく情欲を専らにするを得る、天下晴空の快感を覚ゆべし（略）自然主義の連中は、大障害物の解放せられたる心地して何の顧慮する所なく益其説を発揚し主義の実行を盛んに試むるに至るべし（略）政治家は酒も飲む可し美人も御すべし元気振興して国家は隆盛以て富国強兵の実を挙げんとす

と、サルバルサンの薬効を知った各界各層の人々が、業病・梅毒からの解放に狂喜するさまが伝わってくる。

エールリッヒは「サルバルサン発見」を公表した後も、さらに多数の誘導体を製出しては生物学的研究を重ね、さらに毒性の弱い砒素剤九一四号を「ネオサルバルサン」と命名し世に送り出した。サルバルサンに比べて水に溶解しやすく取り扱いがきわめて容易になったため、ネオサルバルサンはやがてサルバルサン駆梅法にとって変わることになった。

図5　秦佐八郎述『サルヴルサン療法』（初版，1913＝大正2年）

かくして、化学療法の第一歩を記した「サルバルサン」は、抗生物質ペニシリンが普及する一九五〇年代までの四〇年間、梅毒スピロヘーターを抑え込む優れた駆梅特効薬として揺るぎない地位を得た（図5）。

一九三八（昭和一三）年一一月二三日、意識混濁のなか先天性梅毒の克服を夢みつつ秦佐八郎博士永眠、享年六六歳であった。

魔力の秘薬ペニシリン

しかし「魔法の弾丸」と言われ珍重されたサルバルサンも、駆梅効果の不確実性と砒素剤としての副作用に多くの問題を残し、梅毒患者への真の福音とはなりえず、昭和四（一九二九）年A・フレミングによるペニシリンの発見と、それに続く抗生物質の開発によって、ようやく梅毒患者に光明がもたらされた。

昭和一八（一九四三）年にマホニー、アーノルドハリーズらが、初めて実験梅毒にてペニシリン注射をおこない駆梅剤としての有効性が報告され、その後この駆梅法が普及し今日大きな成果を上げている。

亡国病と恐れられ、猛威をふるった梅毒を沈静化させるに十分な特効薬の開発は、一九二八年A・フレミングによる暗緑色のカビの発見から始まった。彼は、一九〇六年ロンドンのセント・メアリーズ病院付属医学校を卒業し、アームロス・ライト（Almorth Wright）の門下生となり、細菌学を学んだ。発見の発端は、ブドウ球菌の変異株について研究しているうちに、数種の平板培地上に起こった偶発的な自然現象に着目したことによる。つまり、研究室の空気から飛び込んだ暗緑色のカビの繁殖によって生じた大集落の周囲にあるブドウ球菌が消失または透明になっていたことから、カビから抗菌力を有する物質が分泌されて、すでに繁殖していたブドウ球菌を死滅させたものだと、推定した。

雑菌が入ること自体は細菌研究に不都合な出来事であり、雑菌の繁殖は「厄介なこと」として一般的には培地は廃棄されるが、フレミングは暗緑色の雑菌を廃棄することに躊躇し、この偶発事を軽視することなく徹底的に追及したことから、ペニシリン第一発見者の栄誉をえたのである。

翌年、フレミングによってペニシリン発見の論文が発表されたものの実験室内の出来事程度の低い評価に終始し、ペニシリン分子に病原菌を破壊する強い力があり梅毒の特効薬としての地位を築くと予想した人は少なかった。

しかし、ペニシリンは、第二次世界大戦により学問的な研究対象から国家的危機を救う医療問題へと関心が移り、いちはやくアメリカ合衆国は大規模な研究開発プロジェクトを編成し、大量生産計画を立てた。

当時、戦傷者、戦病者の治療に抗生物質であるサルファ剤が化学療法として珍重されたが、驚くほどの速さでサルファ剤の効力を奪う耐性菌ができてしまい、かつ生体のもつ感染に対する防御機能まで喪失する危険性をはらんでいたため戦傷者が続出する治療現場はその対応に苦慮していた。そこで、政府主導のペニシリン研究開発プロジェクトは、ペニシリン分子の化学構造を解明するなかでペニシリン分子を化学的に合成する道と、天然発酵ペニシリの大量生産の道を模索した。しかし、大量投資による研究開発にもかかわらずプロジェクトは失敗の連続に、化学合成は不可能との事態に陥った。

しかし、ペニシリンの化学活性の中心核となるベーター・ラクタム環の同定のおかげで、ようやく有機化学的、物理化学的手法による合成技術の道が開かれ、大量生産が可能となった。昭和一八（一九四三）年後半になって米国、英国のペニシリン生産量は急速に上昇し実用化に向けての準備は整った。

魔力を秘めたペニシリンの実用化は、第二次世界大戦中最前線にて治療に奮闘する軍医にとってなによりの朗報であった。戦傷や軍隊に蔓延していた性病にペニシリンの驚異的効き目に関心が高まり、当時トップの座を占めていたサルファ剤を追い越し、またたくまに治療用医薬品の最先端へと躍り出た。

終戦後の日本において、抗生物質（ストレプトマイシン、テトラサイクリン）の使用により明治二〇年以来ほとんど変化のなかった平均寿命が急に伸び始め、一九四〇年代末から五〇年代初めにかけて梅毒患者数が激減したのは、ペニシリン使用による治療効果がその原因であるともいわれた。

この新しい「命を救う武器・ペニシリン」はあらゆる病原菌を破壊し人々の心を虜にしたが、一方、感染症への劇的薬効が、万能薬的神話を生み薬への過信、誤解を二〇世紀に生きる人々にもたらした弊害も忘れてはならない。

おわりに

梅毒をはじめとする性行為感染症の蔓延は、種の保存に不可欠な性欲に根差しているがゆえに、その根絶に向けての方策は人類永遠のテーマとも言える。

戦後の経済復興と抗生物質・ペニシリンの増産と普及によって梅毒は昭和二五（一九五〇）年頃から新患の発生もなくなり激減したとされるが、今日再び梅毒患者が増加傾向に転じたとの報告もあり、最新科学で武装した現代医学の猛攻にも怯むことなく生き続ける梅毒病原体の強い生命力に、畏敬の念を感じざるをえない。

いつの世も、性に対する放縦と寛容さの犠牲者は、経済的に取り残された弱者に収斂されていくのである。すなわち、貧困が無知を、無知が無用の恐怖を、恐怖が偏見と差別を生み、やがて大きなうねりとなって社会的制裁という愚行を繰り返し、感染者を奈落の底へと突き落とす。

二〇世紀終末を迎え、人類は新たな疫病エイズに直面し、再び「無知と偏見と差別」の愚行を繰り返している。今こそ「故《ふる》きを温《たず》ね新しきを知る」との故事に習い、人類が数世紀にわたり梅毒との闘いで得た数多の教訓を生かし、性行為感染症根絶への道を模索していかなければならない。

第3章

黎明期の女権論・女子教育論・結婚論
——女性自由民権思想家・岸田俊子と清水紫琴

松尾章一

はじめに

私は、一九五四年に大学の卒業論文として『神奈川県下に於ける自由民権運動——明治十年代の横浜と三多摩の政治的動向を中心として』を書いて以後、大学院の修士論文では『自由民権運動期における天皇論——自由党を中心として』、博士論文として『自由民権思想の研究』（柏書房、一九六五年。本書を主論文として法政大学から文学博士号を授与された）を提出し、一九九〇年には還暦記念として『増補・改訂　自由民権思想の研究』（日本経済評論社）を出版してきたように明治時代の自由民権思想運動を主要な歴史研究の対象にしてきた。それは日本のブルジョア民主主義革命思想運動の解明と天皇制の研究を生涯の研究テーマとしているからである。

いま私の四〇年にわたる自由民権思想運動の研究史をふりかえってみて、最大の欠陥は「男の視点」で歴史を叙述してきたことである。「女の視点」から歴史を見ることがきわめて弱かったという痛切な反省をしている。一例をあげれば、『増補・改訂　自由民権思想の研究』の人名索引二八四名中に女性は景山英子、岸田俊子、閔妃《びんぴ》、トーマス・アースキン・メーの四名のみである。事項索引の女権拡張論は以下の四カ所である。自由党員の植木枝盛が女権の伸張を主張し、「立憲政体・共和政体になってはじめて達成される」とのべていることを紹介し、植木の放蕩ぶりを日記から拾い出している（達成されなかったことは今日までの歴史が証明している）。また立憲改進党員・高田早苗の一夫一婦制論と岸田俊子の女権拡張演説を指摘するのみである。この弱点は、自由民権思想運動の研究にかぎらない。私の大学での講義の集大成である『近代天皇制国家と民衆・アジア』（上・一九九七年、下・一九九八年、法政大学出版局）でもまったくおなじことがいえる。

この反省にたって私は、一九八四年に第一教養部から経済学部に転籍したのを契機に、「性と文化」（ジェンダーとカルチャー）という総合講座をコーディネートして新設し、二〇〇一年三月に定年退職するまで「ジェンダーから見た日本近代史」と題する講義を続けた。この小論はこの講義の一部分である。この小論でとりあげた岸田俊子と清水紫琴の略歴を簡単に紹介しておく。

岸田俊子は、一八六四（文久四）年一月一三日（陰暦では文久三年一二月五日）に京都下京で古着商（のち呉服商・質商）を営んでいた岸田茂兵衛（茂平）を父とし、タカ（竹香）を母として生まれた。一八七九（明治一二）年九月、山岡鉄舟と槇村正直京都府知事の推挙で宮中に文事御用掛として出仕して皇后に孟子などを講義した。一八八一年四月、病気を理由に宮中を辞した直後に結婚したがまもなく破婚。以後、土佐の自由民権家との交流を深めて民権論を遊説する。一八八三年一〇月、大津での女子学術演説会での「函入娘、婚姻の不完全」の演説が政談におよんだという理由で八日間の未決監生活を送る。

岸田俊子（右）と
中島信行（左）

さらに演説「函入娘」が集会条例違反、官吏侮辱の嫌疑で大津軽罪裁判所にて罰金五円の刑に処せられた。一八八五（明治一八）年八月、自由党副総理の中島信行と結婚。翌年七月、信行とともにキリスト教の洗礼を受ける。一八九〇（明治二三）年七月、信行は第一回衆議院総選挙で神奈川県第五区から立候補して当選。立憲自由党の結成に参加する。一二月初代衆議院議長に選出される。俊子は信行の政治秘書的な役割をつとめ「おしどり夫婦」との評判をとる。一八九二年九月に信行は自由党を脱党。同年一〇月、第二次伊藤内閣のもとで特命全権公使に任ぜられて夫婦ともどもイタリアに赴く（外務大臣は義兄の陸奥宗光）。翌年九月、信行病気のため帰国。一八九九（明治三二）年信行五四歳にて死去。一九〇一（明治三四）年五月二五日に俊子も死去。三七歳。湘煙・湘烟と号す。

　岸田俊子については、鈴木裕子・大木基子・西川祐子三氏の編集・解説になる『湘煙選集』全四巻が刊行されている（1『岸田俊子評論集』、2『岸田俊子文学集』、3『湘煙日記』、4『岸田俊子研究文献目録』、不二出版、一八九五－九六年）。選集1の解説を書いている鈴木裕子氏は、彼女を「自由民権期の女流民権論者の第一

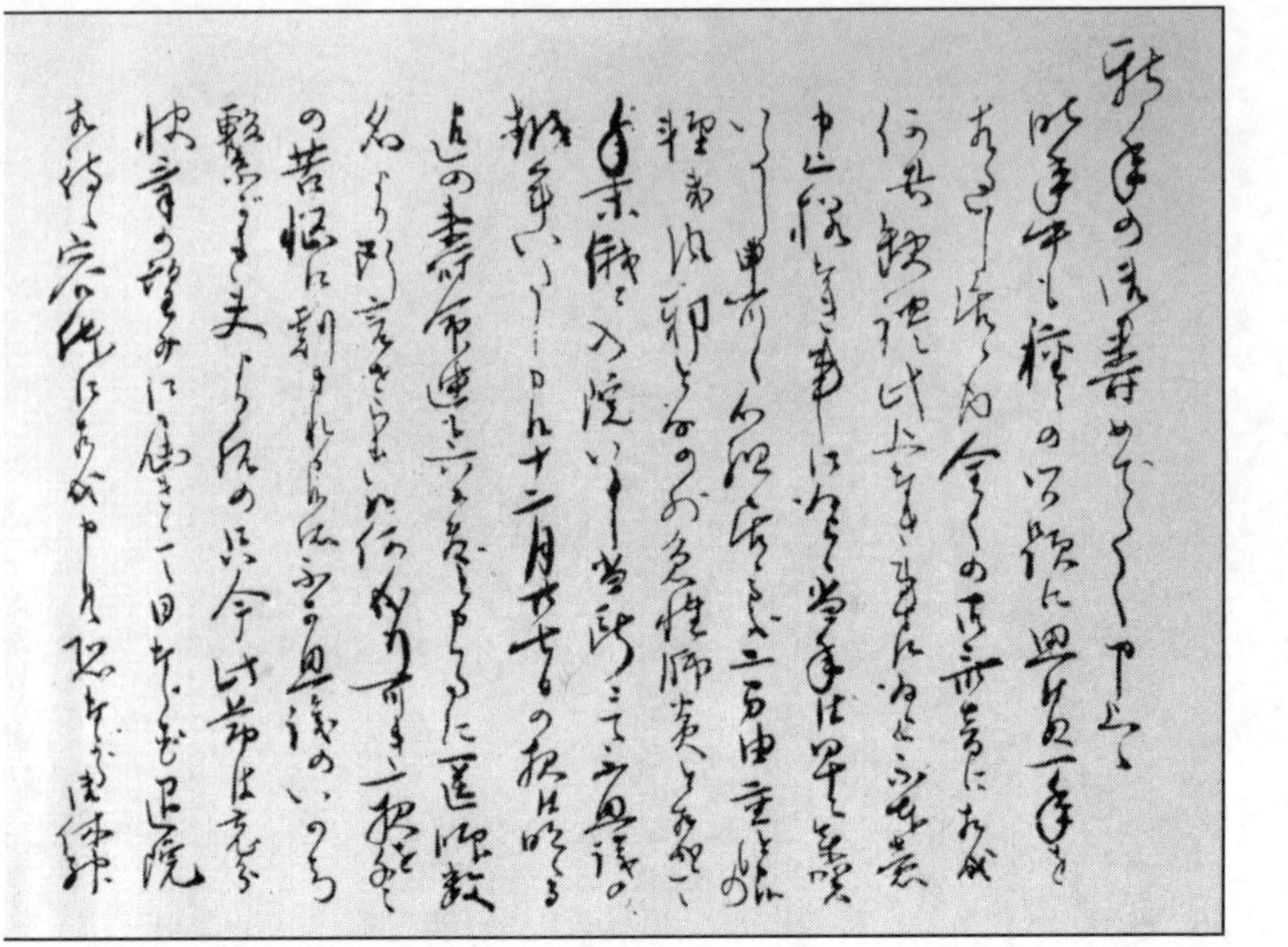

人者」「日本女権論の先駆者」と評価し、「本格的な岸田（中島）俊子研究は、いま、始まったばかり、といっても過言ではなかろう」という。中島信行についての研究はまったくないといってよい。

清水豊子（紫琴）は、一八六八（明治元）年一月一一日、備前国（岡山県）和気郡片上村大字西片上に父清水孫太郎貞幹、母留以（類子）の第五子三女として生まれ、トヨと名づけられた。清水家は大庄屋格の農家であった。豊子三歳の時に一家は京都に移住。一八八五（明治一八）年、豊子一八歳で岡崎（民権家の岡崎高厚・正晴・晴正のだれか不明）に嫁す。一八八七年一一月、奈良で「女学校の設立を望む」と題する演説をおこない、以後弁論活動に従事。翌年四月、植木枝盛を奈良に訪れ政治運動に協力することになる。一八八九年二月、岡崎氏と離別。同年一一月、女権拡張及政治雑誌の発行を計画。一八九〇（明治二三）年五月、『女学雑誌』に入社（翌年主筆・編集責任者。一八

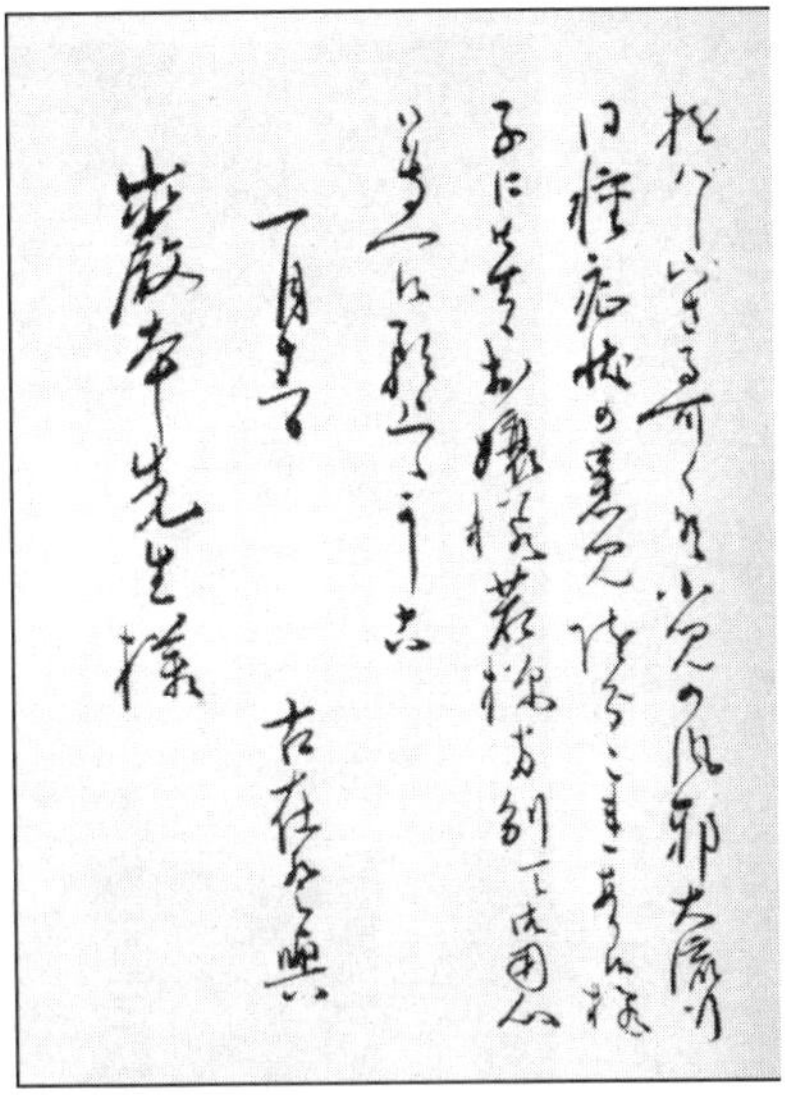

図1・2　晩年の紫琴（と與）と媒酌人・巌本善治宛の年賀状（二男由重が急性肺炎で入院したことを書いている）

九五年に編集記者を辞して不定期に寄稿）して執筆活動と自由党党友活動を続ける。翌年五月、自由党左派の指導者で妻のいた大井憲太郎との間に男子をもうける（家邦。兄健吉の養子とする）。大井憲太郎とのことで親友の景山英子の恨みをかう。一八九二年四月から八月にかけて病気入院中に兄健吉（農科大助手）を介して古在由直農科大助教授と親交を結び、巌本善治・若松賤子の媒酌で結婚。一九〇〇（明治三三）年七月に東京帝国大学農科大学教授となった由直との間に四男一女をもうける。一九〇一年一月の「夏子の物思ひ」を最後に執筆活動を断念する。以後死ぬ直前まで日記を書き続ける。この前月に二男由重が非合法活動で検挙される（非合法の日本共産党機関紙『赤旗』に協力したため。マルクス主義哲学者として戦後は大学教授となり、最晩年に日本共産党を除籍された）。一九三二（昭和七）年七月三一日、豊子は脳溢血のため満六五歳で死去。二年後の一九三四年六月、東京帝国大学総長を二期つとめて辞任後、東大名誉教授・帝国学士院会員であった由直もおなじく脳溢血で死去。享年六九歳。

清水紫琴については、古在由重編『紫琴全集』全一巻（草土文化、一九八三年）がある。本書に紫琴について、古在由重氏の母と父への心暖まる文章「明治の女――清水紫琴のこと」「青春書簡――父・由直から母・紫琴へ」と「あとがき」、作家の五木寛之氏から絶賛された『魔女の論理』（不二出版）の著者で近代日本文学者である駒尺喜美氏の力作「紫琴小論――女性学的アプローチ」、紫琴の伝記的研究の決定版ともいえる『泣いて愛する姉妹に告ぐ』（草土文化、一九七七年）の著者山口玲子氏による「紫琴全集について」と紫琴略年表が収録されている。

一　女権論

岸田俊子は、『自由燈《じゆうのともしび》』創刊号（一八八四年五月一一日）の紙上に「自由燈の光を恋ひて心を述ぶ」という文章をのせている。本紙は自由党の最高幹部の一人であった星亨によって、同党の第二の機関誌的な役割をもって創刊された小新聞である（松尾章一編『自由燈の研究　帝国議会開設前後の民権派新聞』日本経済評論社、一九九一年）。彼女は「狡《わるが》しきこと狐狸の如く獰猛なること妖怪の如く引剝夜盗に勝るべき心暴き男《おのこ》或は淫欲を貪りて飽くことを知らざる狂夫の類《たぐい》の世の中にはびこりて」「軟弱《かよわ》き女を虐げ苦しめ」て「奴隷のありさま」にしているこの「闇路」に、「婦人《おんな》の権利をも保護し依怙偏頗なく理を正して人を導」き「自由の域」に進めてくれるこの「燈」が「幾千代までも照りかがやき」「天地を隈なく照らさんことを願」うと祝辞をおくっている（『岸田俊子評論集』五三―五四頁）。同紙の第二―三二号に一〇回にわたり（一八八四年五月一八日―六月二二日、毎号ではない）「同胞姉妹に告ぐ」と題する長文の評論では以下のような意見をのべている。わが国は昔からいろいろな悪い教育・習慣・風俗があるなかで最悪なものは男尊女卑の風俗である。これは「東洋亜細亜の悪弊」で「文明・自由の国人」にたいして大なる恥である。人間の世界は男と女によってなりたっていて、女がいなければ「人倫は亡び国は絶」える。男女は同等同権である。しかるにわが国では男を「旦那亭主御主人」と尊び、女は「下女婢妾召仕」と賤めている。男女を腕力の強弱で「尊卑貴賤の別」に分けるのは、道理と道徳にあわない「男の野蛮な欲心」である。学識や財産で差別するのは封建時代に「女子は奴隷」と考えていたからだ。東洋諸国の男子は「野蛮の欲心に富みたる人々」である。文明開化されているといわれる西洋でも男にしか参政権はあたえていない（一九〇六年にフィンランドでヨーロッパで初めて女性参政権。一九一八年にソ連で政治上の男女平等確立。同年イギリスで男二一歳、女三〇歳以上に選挙権。一九二〇年にアメリカ議会で女性参政権可決。一九二三年にモンゴルでアジアで最初の女性参政権。一九四四年にフランスで男女平等の普通選挙権確立。日本は一九四六年――松尾注）。また英国の離婚律のように有夫の妻が他の男と姦通すれば夫は妻との離婚を裁判所に訴えることができるが、その逆の場合には妻は離婚訴訟をおこすことができないように西洋もまだ男女同権ではない。これは「文明の欠点」である。西洋も「最上の文明国」になっていないからだ（彼女はこの時代に「近代文明」の限界に気づいている）。西洋では一夫一婦制をまもり、女は男の助けで車に乗降し、家室の出入、飲食や座席のばあいには女を先にし、女の許可がなければ煙草を吸わない。今の男たちが西洋のすることなら何事も真似しようと考えているならば、私は喜んでこの説にしたがい、参政権や法律のことは他日にゆずり、しばらくは「同権の位置」に安んじながら西洋と同様の男の優待をうけようと結んでいる（『岸田俊子評論集』五四―七八頁）。ひろた・まさき氏は、岸田俊子の「同胞姉妹に告ぐ」には福沢諭吉からの圧倒的影響（『学問のすすめ』『文明論之概略』）が感じられると指摘している（「岸田俊子考」、『本郷だより』一九八六年五月号、八頁）。ちなみに当時の民権思想に大きな影響力のあったスペンサーの尾崎行雄訳『男女同権論』（『権理提綱』所収の一部）の刊行は一八七七（明治一〇）年、ジョン・スチュアート・ミルの『男女同権論』（深間内基訳）はその翌年である（岩波文庫に大内兵衛訳『婦人解放論』が出版されたのは一九二三年。現在は大内兵衛・大内節子新訳『女性の解放』が一九五七年に新版。原書は、John Stuart Mill, "The Subjection of Women" 1869 の全訳）。

一八八九（明治二二）年九月、植木枝盛『東洋之婦女』が佐々木豊寿の発行で出版された。家永三郎氏は本書は福沢諭吉の『日本婦人論』（一八八五年）とならぶ明治家族論史上の記念すべき文献であると評価している。植木と佐々木豊寿との関係は、植木が明治二一年一月に高知県会に公娼廃止の建議をおこなって可決させたとき、その行動に感激した矯風会会頭の矢島楫子と書記の豊寿が連名で書簡を送ったことにはじまる（高野静子「『東洋之婦女』出版にまつわる枝盛、蘇峰、豊寿の交遊」、『植木枝盛集』月報三、一九九〇年）。本書の冒頭には植木の著作では異例の一六名の女性の序文がのせられている。その最初が中島とし子で佐々木とよ寿の次に清水豊子の序文がある。とし子は「高著の如きは社会を愛し人類を愛し多年の熱心結て一篇の書となりおれば敬しく我邦姉妹の眼頭に登らん事を冀ひ君が女性の為につくさるゝの真情には深く感謝いたすところに候」と書いている（『岸田俊子評論集』一七九頁）。豊子はやや長文の序のなかで「先生が今にしてこの書を著はされたるはおおいに女権を拡張して婦女をしてその幸福を全ふせしめんと欲するの誠実心と、おおいに女風を改良して盛んに東洋の文明を進めんとする愛国心の外ならざるなり、吾々同胞姉妹よ、こいねがわくはこの書を以て婦人社会航海の灯台となし、その指示する所に従ひて十九世紀文明の婦女となり、唯り先生が多年の苦心を水泡に帰せしめざるのみならず、おおいに東洋の歴史を一新せしめ、おおいに東洋の天地を一変せしめば快もまた快ならずや」と賛辞をのべている（『紫琴全集』二四二頁）。

清水豊子が女権論にめざめたのは、代表的な小説『こわれ指環』（『女学雑誌』一八九一年一月一日）で「私はこの結婚後（一八八五年岡崎豊子となった一八歳以後――松尾注）の二三年間において、いつとはなく、非常に女子の為に慷慨《こうがい》する身となりました。もっともその頃は、てうど《（ママ）》女権論の勃興致しかかつた時で、不幸悲惨はけつして女子の天命でないといふ説が、ようやく日本の社会に顕《あら》はれて参りました。私も平素好めることとて、家事紛雑の傍らにも、ときどきの新刊書籍、女子に関する雑誌などは、絶えず座右を離さず閲覧しておりましたものですから、いつとはなく、泰西の女権論が、私の脳底に徹しまして、何でも日本の婦人も、今少し天賦の幸福を完《まった》ふする様にならねばならぬと、いふ考へが起こつて参りました」（『紫琴全集』二二頁）と書いている。「敢て同胞兄弟に望む」（一八八八年）のなかで「我が兄弟は二十三年をもつて自由の天国に発途」しようという時に、女たちは政府の外に「小君主」を戴き専横に苦しめられている。「婦女は器械なり玩弄物なり故に汝等の権利は例外なり」という男たちの「脳裏に印した旧慣を脱」しないかぎり明治二三年の国会開設も女にとって無意味である。女は一国の政治に参加する前に、「一家の主権」にあずかりたい。政府に自由を求める前に夫の束縛から脱することをねがうものであるとのべている（『紫琴全集』二四三―五頁）。

一八九〇（明治二三）年七月二五日、集会及政社法が公布され、一八八〇年の集会条例が強化されて女性の政治活動が全面的に禁止された（第四・二四条）。紫琴は「何故に女子は、政談集会に参聴することを許されざるか」（『女学雑誌』一八九〇年八月三〇日）を書き、この改正で「吾等二千万の女子は皆ことごとく廃人となれり」という。政治は一般国民を保護し、社会の安寧秩序を保護すべきで、法律は男だけを幸福にして女に不幸を与える「偏頗」なものであるべきでない。「霊魂官能の自由」をもつ国民の半分である女の権利を剝奪する法律を施行する権利が人間にあるのか。女が政談集会に関係すれば、女の本分である「育児家政の務め」を怠り、政治に「喧躁狂奔」する者が多くなって国に損害を与えることが莫大だという。このような考えは「君主専制の時代」ならばともかく、すでに「立憲政体の文明国」となり、公議を輿論できめようという時代には害あっても益のないあやまりのはなはだしきものである。政治上の観念は夫を扶ける上でも子どもを育てるためにも必要だ。「第二の国民の母たるべき婦人」を「政治上の聾者たり唖者」とすることは、国民としての観念を減じ、愛国の志を失わせ、国家にたいする直接の責任を忘却させることになって国家のためにはならない（『紫琴全集』二六七―七〇頁）。

同年一一月に第一回帝国議会が開会されたが、衆議院規則第一二章傍聴人規則第一六五条により女性の傍聴は認められなかった。この不当にたいしても「泣いて愛する姉妹に告ぐ」（『女学雑誌』一八九〇年一〇月一一日）で「国家の利害得失に関する議事」を一部の人間がほしいままに支配することは道理にあわない「甚だしき誤想」であるときびしく批判する（『紫琴全集』二七八―八一頁）。

二　女子教育論

岸田俊子は、のちに夫となる中島信行が一八八二（明治一五）年二月に大阪で立憲政党を結成して総理となり、四月に大阪道頓堀の朝日座で立憲政党主催の大阪臨時政談演説会を開催した時、「婦女の道」と題する初演説をおこなって大喝采をうけた。一八歳の時であった。以後、紅一点の大阪政談演説会員として演壇に立った。同年六月二三日、徳島県有志の招きで同県に赴き「女子教育論」と題して演説をしている。二五日の演説で治安を害したという理由で中止・解散を命じられ警察署から呼び出しを受けている（『岸田俊子研究文献目録』所収年譜、一四四頁）。徳島での「女子教育論」の内容はわからないが、おそらく『函入娘・婚姻之不完全』（一八八三年、駸々堂）の内容から推測される。それはこれまでの女子教育は「三従の道」（家にありては父母に従い、嫁いでは夫に従い、老いては子に従う）という「拘《こう》牽《けん》甚しきの説」への批判だったのだろうと思う。この三従の「古女子遺訓の説」により、女は一七、八歳を婚期と定めて一〇歳から「機杼《はたおり》縫繍絃歌」だけを習わせている。機織や裁縫は半年か一年も学べば十分である。絃歌は廃せずともよいが「淫声」「猥体」で、人間を「弄器」とするもので恥ずかしい。子どもは母の胎内にあるときから影響をうける。「三従の教え」によって教育された

図3『湘烟日記』

母（函）に育てられた「函入娘」は「虫入娘」といわざるをえない。家庭における妻の「一大職事」は子どもの教育であって、「針炊洒掃《さいそう》の雑用」（裁縫・炊事・洗濯・掃除——松尾注）のみに奔走すべきではない（『岸田俊子評論集』三三一―四二頁）。「女子教育策の一端」（『女学雑誌』一八八六年六月一五日・七月五日・七月一五日・一〇月一五日）は、今日のような「無気力ノ婦女子」にして「女子ノ進化ヲ硬塞」させた原因は、わが国の女子教育の教訓としてきた「支那渡来ノ遺訓」にある。「不活潑な女子」にしたのは入学するまでの家庭における父母の教育に責任がある。女子教育の大目的は「奇怪ナル学者」をつくるのではなく「良妻」をつくることである。まだ「良妻」にならない前に「月下氷人の甘言」にのせられ、「早婚を名誉」と考えて「人の妻」となることが「遺憾千万」なのだ（『岸田俊子評論集』八一―九一頁）。『湘煙日記』（一九〇〇年一月一三日）に「我邦の慣習として廿四五にもなれば『モー此婆々になりまして何の学び得らるるものですか』と毫も顧みんとはせず、其癖自ら婆々になりしなどとは思ふにあらず。只管《ひたすら》装飾に心を用ひて猶花咲くとの念慮を蓄ふなり。而其学ぶといふ一事に至りては事の何たるを問はず、晩年といふを以て拒む故に女子と小人は養難《やしないがたし》の罵声次第に高く女性が愚痴も次第に増加する也。終生学齢であるといふ一念を呼吸させ度もの也」と死去する前年に三十六歳の俊子は書き遺している（二一四頁）。晩年の俊子は、鳩居堂から筆・墨・紙・香などをとりよせて法華経を書写し、毎日数種の新聞を夜にならないと耳に入らないので侍人に読んでもらう日々を過ごしている（『湘煙日記』一九〇一年一月三〇日）。彼女は一九〇一年五月二四日に危篤におちいり翌日死去したが、五月二〇日まで詳細な日記を書き続けていた。

　清水紫琴は、前掲の『こわれ指環』のなかで「私が結婚致しました頃などは、女子教育の種子《たね》が、ようやくちらほらと、蒔《ま》かれたと申す位の時でござりましたから、私も今日の思想の半ばをすら持ちませず、殊に私は地方におりましたものですから、同じ五年前でも、東京の五年前とはよほど違ひまして、西洋人の夫婦間のありさまなどは、まつたく夢にも見ました事はござりませず、また完全なる婚姻法はどんなものと申す事も聞かず、ただただ日本古来の仕来《しきた》りのままをあたりまへの事と心得ておりました。そして、また私が教育を受けた女学校などでも、その頃は、専ら支那風の脩身《しゆうしん》学を修めさせまして、書物なども、劉向烈女伝《リユウキヤウれつじよでん》などと申す様なものばかり読ませておりましたから、私はいつとはなくその方にのみ感化されまして、譬へば見も知らぬゆひなずけ（許婚――松尾注）の夫に幼少の時死に別れたればとて、それが為に鼻を殺《そ》ぎ耳を切りて弐心《ふたごころ》なきを示せしとか。あるひは姑が邪慳《じやけん》で嫁を縊《くび》り殺さうとしても、婦にはいつも自ら去るの義なしとて、夫の家を動かなかつたとか申す様なことを、この上もなき婦人の美徳と心得ておりました」と回想する（『紫琴全集』一五―一六頁）。

紫琴の女子教育論の特徴は、女学生が結婚して妻となり母となる心構えを説いたものである。「女学生より新婦となりし人の責任」（「芝家随筆」、『女学雑誌』一八九四年二月一〇日）と「女子教育に対する希望」（『太陽』一八九六年七月二〇日）を紹介する。

「女学生より新婦となりし人の責任」はつぎのようにいう。今日の日本の社会において女子教育の必要性はみとめられてはいるが、娘を女学校に送りたくない父母が多い。その理由は、学問をさせるにはよいが、「良妻として他家に嫁がせる」には不都合であり、「女学生上がりの細君」を嫌う人が多いからだ。つまり「婦人らしき行いに欠」けるということらしい。「とにかく人の言に傾聴して己れを省み、出来得る限り人の批難を招かぬやうにして、女子教育の進路に妨げを来さざる覚悟を有つことこそ肝要なれ。

殊に新婦として他人の家に嫁するや、舅姑は眼を欹《そばだ》ててその往時の婦人にあらざりし失行を数へ、婢僕はこれに事《つか》へてその家事に迂なるを侮り良人はかれこれの譏言《そしり》を聞きて、あるいは実際にしかるやを疑ひ、ことごとくこれを女子教育に影響を及ぼすことなるものなり。しかる時は一新婦としての欠点は一般女子教育に影響を及ぼすこととなるものなれば、今日新旧過渡の機《おり》に際し、女学生より新婦となりし人の責任は、実に重大なりといふべきなり」とのべる（『紫琴全集』四四三―四頁）。

「女子教育に対する希望」は長文の教育論で、つぎのような内容である。

今日の女子教育の状況と女子教育についての意見を聞くと、あまりにも女子という名義に拘泥して、女子も人間であるという「根本的教養」（大精神大素養）から離れているのではないかと疑う。今おこなわれつつある女子教育には、「母妻的教育」以外にはなんらの精神も包容していない教育法や小学校時代から男女両性をまったく区別すべしというような教育がそうである。「男子は父たり、夫たるの心得の外に、一国民として、また人類の一員としての覚悟を有すといふなるに、女子は母たり妻たる心得の外には、さる心掛けは要すまじきや。夫は社会の為に働かむとする時、妻は一家に益なしといひ、子は国の為に死せむといふ時、母は我が身の為に生存せよといはむには、その責いずれに帰すべきや。幸ひに我が国には、武士気質の遺伝せるが為、こたびの戦争（日清戦争――松尾注）なんどの出来事ありても、さる見苦しき事は聞かず、かへつて種々母妻の美談はありつれど、平素婦人には公共心なしといひ、愛国心に乏してふ《（ママ）》批難を耳にするは、いかでその教育の大精神大素養欠けたるが為にあらざるべき。戦後の日本国民は、膨張的の国民なれといふ事は、万人の等しく唱ふるところなるに、女子の精神教育は、旧に依りての、普及をだに計らば宜しかるべきや、これ一考すべき事なりかし」と女子教育の根本的な刷新を提唱している（『紫琴全集』四七七―八頁）。また「今日までの多くの女子教育の精神にては、男子が私有すべき女子を造るには、あるいはかへつて便利にてもあるべきか。されど相扶け相励まして、人たり民たるの道を尽くすには、少しく遺憾あるまじくや」と批判する。さらに「完全なる婦人」とは、女子を女子として教育するとともに、男女両性を通じて有すべき性格、言い換えれば「完全なる人としての性格の発達を遂げ」させることである。「完全」とは「円満」である。「円満」を男女の特性に加えれば、男女の差別も自然に生じて統一することもできる。そうなれば男女の区別を乱すことなく、また男女がまったく対立することもなくなる。「男としての教育」と「女としての教育」はあきらかに区別すべきだが、「その区域以上には、更にまた広大なる人間（ママ）てふ天地」があって、「男をも容れ、女をも容れて、霊妙なる活動を与へ、男は男として、女は女として、千種万様の働きをなさしむる、大動機を収むるものなるを忘るべからず。これ儂が今のいはゆる女子教育の精神上に、更にこの男女を通じての根柢なる大精神大素養を加ふべしといふ所以なり」と結んでいる（『紫琴全集』四七八―八一頁）。

三　結婚論

岸田俊子は前掲の「同胞姉妹に告ぐ」のなかで、男女の間には愛憐の二字がもっとも尊くて恋情も愛憐のことである、男女は相愛し相憐み憂楽を相共にしてこそ「真の恋」というものであるが、現在の世の中とくにわが国では男子は「一種の権柄《けんぺい》」（権力――松尾注）をもって「このありがたくたのしき愛憐の情を打ち破りたゝきくだかんことを企てつるおそろしき悪魔の威を張り力を揮」っている、「愛憐の心は有情より発《おこ》り権柄の欲は無情より発る」ものであって「権と愛とは両立」しない。男子が「人間第一の幸福」である「男女愛憐の楽みを撲滅して共に面白からぬ境界に陥」ちることは「実におろかの極みである。日本の男たちはこのことに気づいて振りまわしている権力を捨てて「真正の情愛」をたのしむこと、また女たちは智力をつくして「悪魔をはらいのぞく」ことにお互い努力しようとのべる（『岸田俊子評論集』六四―六頁）。

俊子は、わが国のこれまでの女にとっての結婚の弊害は、「月下氷人に瞞着」されての「見合い」結婚にあるという。その理由は、終身の配偶者となる相手の顔を「心を収め思を静め」て見てその人となりを知り、話を聞いて「情」を察し、苦楽を共にできる人であるかを確かめることもなく新婚の朝を迎えることが多い「軽倉《かるがるしい》（ママ）」結婚だからである。このような結婚の「初」を重んじないことは、「一家夫妻の恥辱のみならず野蛮の名目を三千五百万同胞の頭上に加戴」している弊害である（「婚姻之不完全」、『岸田俊子評論集』四二―四頁）。

今の日本で男女同権に反対している男たちの口実は、男女を同等にし夫婦を同権にすると家のなかに夫婦喧嘩が絶えないからだという。これまでのわが国の習慣では、夫婦喧嘩の原因を「婦人の嫉妬或は口はしたなき事」にあるとして、すべて婦人の罪としていることは「片手打ちなる裁判」ではなはだ不服だ。夫婦喧嘩を女だけに責任を負わすべきでない。男が男女同権の理を知り、身を慎み、礼を正しくして、女に道を尽くしてくれるなら、どうして荒々しく罵りあう夫婦喧嘩などあろうか。やさしくて情のある男ばかりの世の中になれば、礼を正し言葉を恭しくして「婦人の美徳」をつくすことは疑いない。世の中の「頑《かたく》なにひがめる男」らよ、けっして心配なさるなと忠告する（『岸田俊子評論集』六八―九頁）。

図 4　紫琴（右端）と民権女性．男性は植木枝盛（1891 年）

「世の良人たるものに望む」(『女学雑誌』一八八六年七月二五日・八月一五日)のなかで、妻の役割についてつぎのようにのべている。

日本の家では妻の役目はほとんど「内処向ノ役目《ないしょむき》」だけで、「外表ニ向テノ役目」がないことは妻の地位を「卑《ひ》」くめるのみならず、大いに「人間世界ノ愉快ヲ減殺」するものである。ここでいう「外表」とは家の外ではなく家の中の「外表」の意味である。「内処向ノ役目」である料理や裁縫だけではなく、「男子の心持ちを一変」して妻を「一家の交際官」(おそらく隣人や客人にたいする意味であろう――松尾注)にすべきである。現在は夫のほうがいくぶんかは妻より知識を持っているし、夫があまりに婦人を「小児視」して負担を少なくしているために「木偶の如き婦人」を現出しているのである。したがって「婦人の改良」は婦人だけではできないので、男の助けがなければとうてい「文明の域」に到達することはできない(『岸田俊子評論集』九二―六頁)。

「夫人の心得」(『女学雑誌』一八九〇年一一月二九日・一二月六日・一二月二〇日)は、湘煙がこの雑誌の編者の妹が嫁ぐときに書き送ったものである。それには、生計(「入金の多からざるを愁ふなかれ、唯経済のたくみならざるを愁ふべし」)・家の飾り・人の来りしとき・料理(「料理は可成《なるべく》他よりとるべからず。毎日同じものを作るなかれ。またおのがこのみのものゝみをつくるべからず」)・僕婢をつかふには・衣服は(「おっとの衣服は、他より帰り来て方付くる時、次の出るときこのまゝにて差支えなきか、如何を、肌着より表衣にいたるまで、気をつけ、これを一纏めに為しおくべし」)・規律・帰り来りしとき(「夫の帰る時刻分りなば、仕かけたる用事をかた付、席を清めて待つべし」)などとこまごまとした注意を書いている。最後の項目の「家を楽しくするの覚悟」は、まず第一に「家族をして快楽の温湯に浴せしむるこそ、そが眼目たるべけれ。家族をして快楽の中にあらしむるは、おのれ直接に快楽を貪ぼらざるにあるなり。若己れ先んじて快楽を得んとせば、自ら我儘の処置を免かれざるなり。我儘ならではたのしからずと為すものは、真に家人を愛せざるものたるべし。真に家人を愛するものは、容易に我まゝを犠牲にする」とのべている（『岸田俊子評論集』一五〇―四頁）。また「裁縫・料理・読書・習字・算術の芸」はいずれも婦人が「家政を司る」うえで「重宝」なことであることはいうまでもないが、それだけではだめである。「夫を慰め友を服し僕婢を御する」ことができなければ、「家ありて家を為さざるなり。人ありて空家に同じき」ことだ。これは「婦人の徳の欠けるところにある」からである。妻たるものは「愛と忍耐」が「家を為《おさ》むる最重の用具」であることを一日も忘れてはならない（一八九二年九月二二日）。夫への教訓は「忍耐と高潔と愛情の三品」（同月三〇日）であると記している（『湘煙日記』六九・七三頁）。また「良家庭を作らん事に汲々たる間は未だ真の良家庭を得ざるなり。其自然を失すればなり」「意を凝らす後遂に不知不識《しらずしらず》自然の境に達するなり」「一家細君の器は珠玉を以て満たすの宝庫なるなけん」（一八九六年一二月一七日）とも記している（『湘煙日記』六九・七三・一七一―二頁）。

まさに「良妻賢母」の教えである。

清水紫琴は、女にとって「良好なる良人」をみつけて「快楽なる室家《いえ》」など容易につくれるものではないと、結婚と家庭にたいしてきわめて否定的な考えを「当今女学生の覚悟如何」（『女学雑誌』一八九〇年一一月一五日）のなかでのべている。当今の女学生は「結婚を快楽なる事」「平和安逸なるものと誤想」して、卒業するとすぐに「良好なる良人」をえて「快楽な室家」をつくることを望み、早く結婚したがっている。しかし、「多くの望みと喜びに充たされて、花々しく世の中に乗出ださんとする諸嬢を、真に清き愛と潔き心とをもつて、歓迎し、よく諸嬢を満足せしめ得べき男子、今いずこにかある、諸嬢が学校において学び脳裏において画きつつある家政の採り方育児なんどを賞美し喜んでこれを納《い》れこれを行はし、改進主義の舅姑今いずこにかある。思ふてここに至れば、諸嬢は是非とも、先導者たり、改革者たるの覚悟を有せざるべからず。また自己《みずから》の意思に適したる良人、改良のある家族にあらざるよりは、けっして嫁《とつ》がじとの決心なかるべからず」。さらにいう。「婚家は実に、楽園にはあらず、安息室にはあらず、一時は実に失楽園、憂苦室にてあるべきなり。ただこれを転じて、天国とし、不満足の良人をば、理想の紳士とまでなすことは、一に諸嬢の忍耐と奮励とを要するなり」と、女学生に将来の「改革者」「先導者」となる覚悟をもつことが今日の日本にもっとも必要であるとのべる（『紫琴全集』二八七―九〇頁）。この紫琴の指摘は、けっして当時の現実だけではなくて、百年以上もたった今日の実態をするどく見通している。面白くて欠かさず観ている橋田壽賀子氏の『渡る世間は鬼ばかり』を観ながら私はそう思う。

「主婦の秘訣一則」（『女学雑誌』一八九二年一〇月一日）では、主婦の一番大切なことは室家を楽しくしようということを常に心がけることだとも書いている。日本の家族の多くは「殺風景なもので、うるさし、煩わし、といふ感情」をだれもが感じている。それを一転させて「我が室家ほど寛《くつろ》ぎて、楽しき家は、ほかにあらじ」と家族に思わせるようにすることが「主婦の第一の秘訣」である。それは物質的に造る「楽園」ではなく、「主婦の心の底より弾け出せし、愛のひびきが音楽となり、またその真情によりて、溢れ出し美しき所作が、百事百物の上に加はりて、いふべからざる趣味を添え、いかなる茅屋《ぼうおく》破窓《はそう》をも、その家族の人々にとりては、珠玉を鏤《ちりばめ》し台閣《うてな》にも、勝れるやうに、思はしめる事です」。「かく精神的に室家を楽園と致しますには、何の資本も要りません、ただ要するところのものは、主婦の真情のみです」。「もし室家が不愉快でありますれば、自然他に行きて、娯楽を求めるようになります、いつたい家外の遊びと申すものは、必ずしも清く有益なもののみではありませぬ、されば外出がちなる処より、知らず知らず邪道《よこみち》に陥り、霊性上にも、経済上にも、大ひなる損害を来すことになるものです、稀にはその不快を忍んで在宅する人ありと致しましても、それでは心中常に面白からず、稀には外面の運動に対しても、勇気なき人となります。かくの如きは良人を邪道に陥れ、一はその活気を消磨さすものにて、誠に恐るべきの事です。その二は、和楽ならぬ家裡において、育ちました子は、往々その天真の性情の発達を妨げられまして、偏屈奇矯なるものとなる事です、かくの如きことは、子女の生涯をあやまらせ、一生を不幸の裡に、送るの人とならしむることでありますから、最も恐るべきの事でありま す」(『紫琴全集』三六五―七頁)。

この紫琴の指摘にみずからを顧みて思い当たる男性諸氏がさぞかし多いことであろう。

「嫁と姑」(『女学雑誌』一八九二年一一月二六日)では、ちかごろは舅姑と子婦は別居すべきだという議論があることに反対し、同居しても不和をきたさないような覚悟を研《みが》くことが望ましいとのべている。だからといって一にも従順二にも従順と何事も自己の意思をもたずに姑の意見だけに従っては、主婦は仕事をするうえで差し障りを感じるであろうし不愉快でもあろう。姑が何事にも干渉するのは、己の自信が強くて自分でなければ自家の利益をはかる者はいないのだと断定している結果であって、あながち嫁をいじめるという考えではないと思えばよい。また一方、自分が姑の立場にたって子どもにたいする考えはどうであろうかと考えればうるさくもないだろう。一に子供の幸福をのみ願って、一日でも多く子供とともに暮らしたいと思うのは愛情の至切から生じる当然の結果だと思って、自他ともに別居の必要など感じないようにし、老人を慰めてその心に満足をあたえるようにしなさい。今の完全な教育を受けた婦人は、非常に謙遜であるとともに深くみずからを任じて、何人をも育て、いずこにも平和を来すために、よく忍び、よく譲りて、いかなる姑の心をも和らげるようにしてほしいものだとのべている（『紫琴全集』三七六―八頁）。

また「内治の弁」（『女学雑誌』一八九二年一二月三一日）では、「一家内治の主任である主婦」にたいし「内治の真髄」は、「一国の人々の心を治する」には内乱がなく、綱紀は張り、法令は行われ、財政が調い、衛生が普及し、学術は進み、農工商各自がその業に励むと同様で、「一家の総ての人々の心を和楽ならしむるように勉めることが肝要」である。「舅姑良人など長上の人」は主婦に欠点があれば遠慮なく注意もしてくれるが、同居の家族や「奴婢《ぬひ》」などは主婦に遠慮がちで思うことがあっても言えずにいるので、とくに「目下の者には深く意を用ひて、撫で安んずる心得を要するなり」と一家の主婦の心構えを諭している（『紫琴全集』三八三―四頁）。このような「良妻賢母」のすすめは、けっして精神主義的なものではなくて具体的・合理的な説明をしている。この事例は、一八九三（明治二六）年以後『花園随筆』（一八九九年）、『花園小草』（一九〇〇年）と題する評論を、紫琴が夫の希望で文章界から離れる一九〇一（明治三四）年一月まで『女学雑誌』や『太陽』誌上に、「家内重宝録」（一月七日・一月二一日・二月一四日・四月二九日）、「家事小言数則」（二月一八日・三月四日）、「家内政治の法度」（四月八日）、「米国に於ける下婢」（四月二九日・五月二七日）、「食物養分比較表」（五月二七日・六月一〇日）などなどに見ることができる（『紫琴全集』三九一―五四六頁）。

これらの評論は、「科学的家政学」の先駆的な業績ともいうべき貴重な文献である。

晩年の紫琴は、「男女気質」(『女学雑誌』一八九九年一〇月二五日)のなかで、「男心を秋の空」「女を水性」といわれている比喩にたいして、「いずれまことに当れるやを知らず」とのべながらも興味深い分析をしている。やや長い引用になるが最後に紹介しておこう。

「男心の変はり易きは、ひとへに新奇をめずる、浮かれ心に出つのみにはあらで、始めを慎む事の、足らざる因るにはあらぬか」「いひ換へれば、女に比べては無邪気に、愛を思ひ立つ事の、無造作なるに因るなるべし」と説明している。その理由を、「これ一つには節操の、婦人に重き男子に軽き、習慣あるにも因るべけれど、主には依頼心あると然らざるとに因り、ここに強弱の差を生じ、ここに注意の精粗となる。注意の精粗と、強弱の差は、男子をして秋の空の放縦に赴かしめ、しかもまた婦人を駈りて、水性の浮薄に陥らしむる、媒《なかだち》にあらざるか」と男の心理を分析する。これにたいして女の方は「一般に男子は婦人をたよりとするものにはあらねど、婦人は男子をたよりとするを免れず。さるからに弱者たり、しかも節操のおのれにのみ、重きを負へる婦人にありては、よくよくの無分別にあらざる以上、単に愛てふ栄耀の沙汰をもつて、心を決すべきにあらず、先づたよるものとしての方面よりも、しずかにその人を観察したる上ならでは、みだりに生涯を許す事あるべからず。これ生涯を許せりといふは、直ちに生涯を託せりといふ意味に成り替はるべきをもってなり。さるからに婦人はいかに愛に歩める時といへども、一片意思の拘制を免れず。意思の拘制を免れ難き愛なるをもつて、その観察も、自然着実たり易し」「これいかでか婦人の弱性と弱位置が、一方には、徳義を扶けて、貞操の美をなさしめつつも、他方にはかへつて浮薄の醜に導き入るる媒にあらでやは」「されど男子の進退はまつたく然らず、徳義の制裁寛なるを、いまさらにいはずもあれ、いづれにかなたをおのが保護の下に置くべき優勢者なるをもつて、はじめより婦人には、さして重きを置けるにはあらじ。劣者と覚悟しながらの従者を求めたるまでなれば、人を得ると否との如きも、婦人ほどの大事と思惟せるにはあらず、さるからにその選択も自然疎漏ならずとはいふべからず」「一男子の一婦人に飽けりといふは、未だその最後の嫌忌を意味するものにあらぬには反して、一婦人の一男子を見限りたりといふは、その最終まで見限りたるが甚だ多し」とのべている（『紫琴全集』五二九―三一頁）。

世の男性諸氏よ、この紫琴の男性論をいかに考えるや。

おわりに

まず最初におことわりしておかなくてならないことは、この小論は論文とはいえるものではなく、あくまでも史料紹介にすぎない。最初この企画に提出した私案では、「ジェンダーからの明治精神論批判――近代家族論をめぐって」という表題で、その内容は、一、自由民権論者から（岸田俊子・清水紫琴・景山英子）、二、初期社会主義者から（福田英子・管野須賀子・伊藤野枝）、おわりに（大正デモクラシーへの架橋――平塚雷鳥）であった。そのために上記人物の全集をすべて精読して執筆にとりかかってみたのだが、与えられた紙数ではとうてい意をつくせないことがわかり、最初の構想を断念して岸田俊子と清水紫琴の二人にしぼることにした。彼女らの文意は当然のことながら、とくに独特な文体を損なわないように配慮したために、史料紹介のような体裁をとらざるをえなくなってしまった。私が永年敬愛してきた芳賀登氏に嘱望されて、氏の『著作集』第七巻『明治御一新と明治維新』（雄山閣出版、二〇〇一年）に掲載した拙稿「ジェンダーからの明治精神論――菅野須賀子の近代家族制論」と同様の史料紹介にとどまってしまった。「まえがき」でのべたような経緯で、一九八〇年代になってやっとジェンダー（女性学）の視点から、これまでの自分の歴史研究を再検討してきた私が、上記の表題で論文を書こうとすれば、当然のことながらきわめて刺激的な労作である上野千鶴子氏の『近代家族の成立と終焉』（岩波書店、一九九四年）で展開されている問題提起にこたえる責任がある。また、かつて法政大学での研究室の同僚であった畏友駒尺喜美氏の力作『紫琴小論』にたいしても、「男の視点」から答える義務がある。しかしながら、この小論では私の非力と余裕のなさで果たしえなかった。もし将来、私にまだ知力と体力が残っていれば、ぜひとも最初の構想を論文として完成しておよばずながらも論争に参加してみたいと考えている。

以上いささか弁解めいた蛇足をつらねてしまったが、以下に紙面の許す範囲内で岸田俊子と清水紫琴の諸説にたいする私の感想を二、三のべておきたい。

まず第一には、近代天皇制国家（軍人勅諭・大日本帝国憲法・教育勅語を主柱とする「明治精神」的イデオロギー体制）と自由民権思想運動との関係についてである。私たちは、一九八一年一一月に自由民権百年第一回全国集会を開催したのを皮切に（於・横浜）、第二回（一九八四年一一月、於・東京）、第三回（一九八七年一一月、於・高知）にわたって現代日本における人権・民主主義・平和・独立の危機的状況に対決して、自由民権運動期の歴史的伝統を再評価する「国民的な歴史学運動」を実践してきた。その後の日本の歴史学界における自由民権運動研究史は、その歴史的限界を指摘する面のみが強調されている傾向にある（具体的には拙稿「最近の自由民権研究への雑感」、『秩父事件研究・顕彰』第九号・一九九七年参照）。この小論を書きながらも、以前にもまして日本における「ブルジョア民主主義革命思想」としての自由民権思想運動を再評価すべきではないかと痛感している。この小論ではあえてとりあげなかったけれども、彼女らの天皇尊崇思想は、「はじめに」でのべた私の修士論文で明らかにしたように「自由党の天皇論」の系譜であって、「明治精神」としての天皇尊崇思想とは異質なイギリス流の立憲君主制論である。明治政府がひたすら追従し模倣した欧米の近代先進諸国でさえも、女性の人権に否定的であったことからみても、後進資本主義国であった日本が、「近代国民国家」の形成期に、「日本のブルジョア民主主義革命」をめざした自由民権運動を担った「男たちの政治運動」も、彼女らの思想を受け入れることができなかったのは当然の歴史的限界であった。にもかかわらず、近代的人権思想をたからかにうたいあげた彼女たちの殉教者的な孤独のたたかいは、明治の自由民権運動の歴史の中で展開されたことも厳然たる歴史的事実なのである。歴史研究にifは禁句だが、もしかりに、彼女らの自由民権思想運動を「男たちの政治運動」と明治政府とが許容できたならば、近代天皇制国家のその後は、いな戦後の今日にいたるまでの日本の人権と民主主義の歴史は大きく変わっていたであろうことは疑いえない。彼女らの思想の発展形態である一九二〇年代の大正デモクラシー期における平塚雷鳥らの青鞜社の思想運動や、これと対立しつつも展開された福田英子・管野須賀子・伊藤野枝・山川菊栄らの初期社会主義者・マルクス主義者の思想運動を徹底的に圧殺した天皇制国家にたいして、私は「近代民主主義国家」と評価することはできない。あえていえば、前近代的な「絶対主義臣民国家」と規定せざるをえない。

第二には、前述した駒尺喜美氏の力作にたいする共感と疑問に関してである。共感とは「はじめに」

でのべたこれまでの私の著作にたいする反省からも、駒尺氏のジェンダー的・女性学的な視点からのするどい指摘にたいしてである。しかし、同時に疑問といったのは、あえて誤解を恐れずに駒尺氏の主張を一言でいえば、紫琴の代表的な小説『こわれ指環』の評価でも指摘されておられるように、結婚制度と家族制にたいする原理的な否定論におわっているのではないかという疑問である。もちろんそう考える人間がいてもかまわないし、現にそのような人が存在していることは、上野千鶴子氏の前掲書からも明らかである。ここで私が言いたいことは、駒尺氏の指摘だけでは上野氏の著書で主張されている明治国家が創設したといわれる「一夫一婦制」＝近代家父長制の「日本版近代家族」国家と、岸田俊子や清水豊子が主張した女権論・結婚論・家族論とが、同一線上にあるのかどうかという歴史学的な研究を具体的に検討することができなくなるのではないかと危惧するからである。このことは第一で指摘した私たちの自由民権思想運動の評価にもかかわるからである。駒尺氏の自由民権運動や社会主義運動の歴史的位置づけは、「女の視点」からの否定論の立場が強調されすぎてはいないかという疑問である。駒尺氏は、「とても複雑な気持ちをいだいている」と書かれながら、「幸せな結婚に恵まれた女性」ほど「大きな悲劇を内部にかかえこむ」と、紫琴が筆を断ったことを例にあげながら指摘されている。また、このような選択を紫琴にさせた古在由直のような「いい男」にめぐりあっても、「人間としての欲求」を出しえなかった紫琴に同性としての「怒り」さえもみられる。これは中島信行と湘煙夫妻の場合でも同様であろう。私は、駒尺氏が「人間としての欲求」を強調され、「女の人権」の立場を主張されるなら、古在由直を「いい男」というべきではないと思う。古在由直ほどの立派な人間であっても、駒尺氏が批判されている「建前と本音」を使い分ける「進歩的」「民主的」知識人の類型のなかに入る「男」だったのであろう。私は湘煙や紫琴が力説してやまなかった「良妻賢母」論は、「良夫賢父」論との対概念であって、「一夫一婦制」論は、愛情と尊敬の絆でかたくむすびついた夫婦とその家族を維持していくための原理であり、男女同権と女権が確立されている理想形態であったのだと思う。それは明治天皇制国家が、女性にだけ男性の都合からおしつけた「良妻賢母」像とはまったく対立するものであった。それは明治民法からでも明白である。その最大の理由は、明治国家によって確立した「近代天皇制」は、「一夫一婦制」とはあきらかに矛盾した蓄妾・側室制度に支えられていたからであった。戦前の「一夫一婦制」は、男にとってはあくまでもたてまえにすぎなかった。それは戦後にも連続している。戦後の象徴天皇制が女帝制度を否定していることからも明白である。このような大日本帝国憲法体制のもとにあって、結婚制度や家族のあり方を、一歩でも変革しようと考えた紫琴の「合理的・科学的家政学」は、現代においても検討にあたいするものではないかと私は思っている。そのような理由からも、大木基子氏が『湘煙日記』の解題でのべているように、「俊子の問題関心は具体的な生活の場で男女平等をどう実現するかにあった」、「そうしてでてきたのが『主婦』のありかたとしての『良妻』である」という指摘に共感する。

最後に指摘しておきたいことは、人間の歴史は一時逆行することがあっても、長期的に見れば「進歩・発展」していると今もなお確信している私の歴史観についてである。

前述したように、私たちが東京で第二回自由民権百年全国集会を開催した時、古在由重氏が『母清水紫琴のこと』を話されたなかで、氏が一九三〇年に治安維持法で検挙されて釈放された一週間後に亡くなった母が最後に残した言葉が「シゲさん（私のことです）、世の中てのはそんなに簡単に変わるもんじゃないよ」（自由民権百年全国集会実行委員会編『自由民権運動と現代　自由民権百年第二回全国集会報告集』三省堂、一九八五年、二五頁）だったという話を聞いた時の強烈な印象を私は今も忘れることができない。古在氏が『紫琴全集』に寄稿されている『明治の女――清水紫琴のこと』の末尾に、戦後のある日、歌声たかく全国代表の数千人の母親たちの隊伍を見ながら「わたしは、心のなかでいった――『かあさん！　日本の女性もとうとうここまではきた。ここから、たゆまず、さらに前進をつづけるでしょう。かあさん！　ささやかだったかもしれないが、あなたの念願と努力。これも、いま、いまみんなの力が確実に実をむすびつつありますよ』。明治百年はるけくちかく母の顔」と結んでいる（五六五頁）。私もそう思いたい。戦後五〇年以上を経過した今、日本全国いや世界各地で「女たちのたたかい」は日々展開され着実に前進していることを見ている。私の妻も娘もその戦列のなかにいる。

この小論で紹介した岸田俊子（中島湘煙）と清水豊子（古在紫琴）たちのような、近代日本の黎明期におけるたぐいまれな、ごく少数の女性たちの人権をもとめての壮絶なたたかいから百年以上が経過した。彼女ら自由民権思想家たちのバイブルでもあったジョン・スチュアート・ミルの古典的名著である大内兵衛・大内節子新訳『女性の解放』の原著が出版されたのが一八六九（明治二）年だから、日本のブルジョア民主主義革命をめざした自由民権運動と歩みをともにしてきたといえる。この小論を書きながらしばらくぶりに精読してみた。戦後、法政大学総長になられた大内兵衛氏の一九五七年一月付の名解説に、「いまの日本となれば、より必要なものはミルの議論の批評でないかという論に私は賛成する。ただ、それもそうかんたんな話ではないといいたい」とのべられていることに私もまったく同感である。ただ、この小論の注で紹介しておいた女性の参政権の獲得が、近代日本が模範としブルジョア革命に成功したフランス・イギリスそしてアメリカなどでもなぜおくれたのか。その最大の理由は、国家権力をにぎったブルジョアジー（資本家）の法律では参政権は人権としてみとめていなかったからである。地方自治またしかり。百年以上たったいまの私たちが、はたしてこのような人権意識をのりこえているのだろうか。国家と国家のあいだの戦争は正義であり、したがって合法であった。だからこそ、いまだに日本は日本人は、過去のアジア民衆にたいする非人道的（ジェノサイド）な戦争責任を犯罪と自覚せず、その責任を果たしてはいないのである。天皇の軍隊による女性たちにたいする組織的な暴力を裁くはずの「慰安婦」裁判は、ほとんどが日本の裁判所で門前払いとなっている。二〇世紀が「戦争の世紀」といわれながら、自由民権運動期の輝かしい伝統でもあった「非戦思想」の普及に、残された私の余生を果たしたいと願いながらあたらしい二一世紀を迎えた。だが、その第一年目の九月一一日にニューヨークで起きた大事件以後、世界で唯一の超大国であるアメリカは、「テロ報復戦争」を口実に弱小国のイラクにたいして大規模な戦争をしかけて、無辜の民衆ごとに無力な女性や子どもたちにたいするジェノサイド的な大量殺戮を強行した。このアメリカの戦争行為にたいして、小泉政権は人類史に誇りうる日本国憲法第九条をかなぐりすててアメリカの「傭兵」として参戦した。このような現在の世界史の動向を見ていささか、絶望的な心境におちいりかけている私は、この小論を書き終えたいま、けっしてあきらめることなく、足元の生活の場でねばりづよくたたかいつづけることの大切さをあらためて教えられた。

第4章

「オトコなるもの」について——支配と有限性・劣敗と優越

横山浩司

はじめに

およそ二〇年ほど前、私が聞き取りのために、東京近郊ではあるが山のかなり奥深い所の村落に、あるおばあさんを訪ねていったときのことである。この家かと思って見ると、そのわきの空き地で、前掛けをした中年の人が、赤ん坊を負ぶいながら洗濯物を干していた。聞いてきたおばあさんの名前を言って尋ねると、「あゝここだよ」とその家を指さした。私はお礼を言って、その家の戸を叩いた。おばあさんの話をいろいろと聞いているときに、茶菓を出してくれたのもその人だった。何もかもが手慣れていて、控えめながら気が利いていた。

次は、それよりも少し後のことである。私は、ペルー・アンデスの東側、アマゾン河上流のウカヤリ川に面した港町にしばらく滞在していた。人に紹介されて、この町のずっとはずれの、雨季になれば舟でしか行き来できなくなる村のある家族を、小一時間ほど歩いて訪ねて行った。昼食を御馳走になり、午後の部の学校に行く子どもたちが出ていった後、高床の家の前にある大きな木の下で、その家の人がたらいと大きなござを広げて、収穫した豆の選り分けを始めた。まわりで遊んでいるまだ小さな子どもの相手をしながら。私は、町で働いている他の家族のことなどを聞きながら、あまりの気持ちよさに、勧められるまま、つい、一時間ほど昼寝をしてしまった。静かな、幸せな時間を提供してくれたそのさりげないホスピタリティに感謝した。

その翌年だと思うが、タイの首都クルンテープ（バンコク）の、あるタイ人の家にほんのしばらくだが居候をしていた。昼間はあちこちと外に出かけて、夕方、家に帰ると、やはり仕事から戻ったその家のひとりが「もう食べたか？」と私に聞き、「いや」と答えると、干し魚や貝をいためたり、ゲーンというタイ・カレーを手早く作ってくれ、その時そこにいてお腹が空いている者が、一つ盛の皿から食べた。いつもおいしいタイの家庭料理だった。私に、タイ式のトイレの使い方や水浴の仕方を教えてもくれた。家の中の、安心と安楽に私を導いてくれる態度は、率直で、そして申し分ないものだった。

この三つの、記憶の中の風景で、子どもをおぶって物干しに向かっていたのも、木の下で豆の選り分けをしながら私に昼寝を勧めてくれたのも、私に毎夕、手早く食事を作ってくれたのも、皆、男性であった。

ニンゲンというものについて考えるときに、私はつい、ある主題のもとでの周縁にあたるものから発想をする癖がある。ここに挙げた三つは、「オトコなるもの」について論じようとしたときに、ふと頭の中に蘇ってきたものであり、確たる意図はない。

ただ、現代日本の男性マジョリティが持つ感性や作法、思考のしかた、生活の技法が、あまりに狭められ、また偏っており、それがいくつもの深刻な問題を引き起こすことにつながっているのではないかと思ったとき、これらの、何重かの意味で周縁である風景が特別な意味を担わされて、否応なく「オトコ」である私の中に現われてきたのかもしれない。周縁にあるものが、ときとして、中心の解体にいくらかの力を貸すこともあるだろうと思いながら、これらの記憶の風景を保存しておきたいと私は思っている。

一　「オトコなるもの」の近代的形成

今日、私たちがそれを慣習的になぞっている「オンナなるもの」がそうであるように、「オトコなるもの」もまた、近代に再編・形成されたものである。ほとんどすべての制度としくみが、それらを支え、指定している世界に私たちは否応なく生きている。近代のどのような動向と要因が、ヒトの解剖学的(動物的な雌雄いずれかの生殖器官を持つ)オス・メスに、近年のフェミニズムの用語で「ジェンダー」と呼ばれる社会・文化的な性の二型のしくみを割り当て、それぞれの(ここでは特に男性の)存在の様態とその社会的意味を制作してきたのか、考えられるものをいくつかあげて、そのラフ・スケッチをまず描いておこうと思う。

もっとも、以下に描くものは、通常「成人男性」とされるものに関する社会的役割や性能などを直接に規定するものについてであって、実際には、「コドモなるもの」というサブ・ジェンダーとでも名づけたい枠組みが、それらに折り重なっているし、今日のいわゆる「高齢化社会」にあっては、「ロウジンなるもの」もまたひとつのサブ・ジェンダーとなって機能していると見ることができる。これらとのとりわけ境界的な領域では、「オトコ・オンナ」というメイン・ジェンダーはさまざまな奇妙な表われや破れ目を示してしまうことがある、という指摘だけは予めしておきたい。

また本論考では、通常用いられる「男らしさ」というコトバを用いず、「オトコなるもの」という用語を用いるが、それは次の二つの理由による。ひとつは、「男らしさ」というコトバは、個々の男性の体軀・容貌や性質を中心にイメージさせるコトバであり、ここで議論しようとすることには狭すぎること、もうひとつは、近年のお手軽な男性解放論の風潮に「男らしさではなく、自分らしさだ」といった言説がめだつことへの危惧からである。特に後者のような言説は、「自分らしさ」などという曖昧で甘えた概念によって、おのれの中の「オトコなるもの」が一挙に中性化・無害化できるかのような幻想をふりまくおそれが多いものであることは明らかではないかと思われる。この意味からすれば「男性性」という用語でもよかったのだが、このコトバは、「男性の本性・本質」というものが普遍的に存在し、それについて解明するという傾きの語感があることから避けた。

男性支配の確立

近代の産業化の動向は、そのごく初期には女性・子どもを主要な労働力として使っていたとしても、一定の段階になると、産業の持続的な拡大・発展のために次世代労働力の量と質の確保を必要とし、そのための方式として、女性と子どもは少なくともその中心部分からは排除されてきた。近代の主要な産業組織の男性による独占であり、「稼ぐこと（労働力商品であること）」からの女性の排除である。女性は新たに再編成された近代家族の固有の場である「家庭」の内に位置づけられ、子どももまた新たに作られた「学校」という場に囲い込まれる。もちろん、その延長線上のずっと後、男性が「社畜」と呼ばれているのだとしたら、男性もまた産業場面では「会社」というものに囲い込まれたのだとも言えるであろう。そこでは、近代的ジェンダーとしての男性は、生産効率によって計られる労働能力だけが（資本から）期待される存在である。

「興産」を内外からうながし支えた近代国家の形成は、一方で国家運営のための官僚組織を、他方で国家防衛・拡張のための軍隊組織を必要とした。そして、これらにふさわしい性能の持ち主もまた男性である、とされた。官僚に必要な知の中心は、抽象化され記号化されたものの高度な操作能力であり、兵士に必要なものは、余計なものを一切排除したがゆえに極度に組織化されることが可能になった、国家目的に従って発動される暴力性を帯びた身体である（言うまでもなく徴兵制は、すべての成人男性の基礎にこの身体を要請した）。これらは、人間が持ちうる性能の一つの要素を極端に単能化して保持した存在だ、と見ることもできよう。またこれらは基本的には、産業場面で要請される性能や傾向性と親和的で両立可能なものとして設定されている。

近代的国家社会の中の男性は、産業・官僚・軍隊のいずれかの組織の中に、その主要な生きる道を選ぶことになる。もちろん、これらに随伴する近代的な政治・学問研究・技術開発・医療・教育などの分野も、さらに文学・芸術や新たに作られた近代スポーツの領域でも、男性による独占あるいは優越と、女性の排除または「二流」としての位置づけがおこなわれてきた。近代的男性は、こうした中に指定されたなんらかの社会的役割を担い、そこで期待される性能と傾向性を保持するように、形づくられてきたのである。そうであれば常に彼らは、女性に対して社会的な優越者として待遇され、またそのような存在として振る舞うことが期待される。また、男性に指定されたものではない（女性的）役割を担う者、期待された性能を持たず他（女性）の性能を持ってしまう者は、男性集団によるこれらの独占を危うくする契機を孕むゆえに、強烈に軽蔑され、排斥され、不在化され、あるいは馴致され直すべき者とされる。

このように近代男性は、男性が優越性を独占的に保持し、権力構造からいえば男性集団が支配する社会の中に置かれた。男性と女性という二型のジェンダーは、水平に分割されたのではなく、垂直の、支配・被支配の関係に分割されたのである。それゆえ、両者に関わる諸制度も社会規範も常に二重基準の構成を採ることになる。もしこの権力関係と二重基準に気づかないままにいれば、二型のジェンダー構成が女性差別的なものであるとは考えられないかもしれない。また、それぞれに指定された場の中にあって充足し、それぞれに指定された性能や傾向性だけを保持することに異和がなければ、この二型のジェンダーはまったく「自然なもの」と感じられるかもしれない。いや、そのように感じ、考える存在として両者は社会的に馴致されるのだ、というべきであろう。

不利な基準を押しつけられてきた女性たちの中には、早い時期から、この二型のジェンダーの差別的構成やそれへの異和を感じ、それらを表現したり申し立てたりした者がいたが、男性が持った異和や被抑圧感は、多くの場合、あくまでも男性集団の中でのものにすぎなかった。個別的な近代男性は、さまざまなものの複合体としての近代社会・国家の中での、ある特定組織の中の一つの位置に置かれ、その位置での性能や役割を期待される。しかもそれは、どこにあっても競争とその結果としての序列化されたヒエラルキー構造内部でのできごとであり、多くの場合、劣等性・敗者性を帯びざるをえない。男性は、おのれが女性への差別的位置にあることよりも強く、おのれ自身がなんらかの意味で劣位・敗者の位置にあることを意識し続けたといえよう。こうした傾向は、より劣位の位置に置かれた者の方に、より強く現われることがらであるともいえる。

また、仮にある個別的男性が特定の男性組織の中で、ある程度の優位性・勝者性を獲得していたとしても、それが単能的・単一的な性能と役割の中にあるがゆえに、彼はなんらかの不充足感や閉塞感を持つかもしれない。近代社会が、人と物と情報の交通を拡大したことは、こうした感覚を生みやすくしたであろうし、こうした傾向はより「有能」とされる男性にも現われやすい傾向であると思える。しかし、こうした傾向を持った個別男性であっても、対女性との間では、その優位性・支配性を捨てることはないし、集団としての女性に対して、諸個別男性が男性集団内の相互の同盟的関係を壊すことはめったにない。

さらにまた、全般的な社会はあきらかに男性集団支配（近代的家父長制）的・男性集団優越的構成をとっていたとしても、個別女性とのある瞬間の間柄（たとえば恋愛や夫婦の関係）と個々の具体的なことがら（日々の生活や遊びの上のことなど）に関して、個別男性が常に優越・支配の位置を得ているわけでもない。このことが、男性たちにとって、当該社会が男性支配・男性優位の、女性差別・女性劣位の社会であることを見えにくくさせている。もちろん、よく言われる「差別される者の痛みを、差別する者は気づきにくい」ということが、これに重なっていることは言うまでもない。今日のある種の男性論や男性運動が、「オトコだってツライのだ」、「オトコも抑圧されているのだ」といいつつ「オトコを解放せよ」、「強いオトコを回復しよう」といった方向に向いてしまうのは、個別男性が抱える具体的な負の感覚と想起されやすい被抑圧感にのみ基づいて、一部の「傷ついた」男性たちがルサンチマンの同盟を図ろうとするものに他ならないだろう。

男性自我とその相同型としての家族・民族

近代社会の中で、ある一定の役割と性能を期待された集団としての男性が、個々の「オトコなるもの」として現われる様態、つまり個別の男性人格としての、あるいは個体的境界の設定とその志向性としての男性自我の現われを見ようとするならば、少なくともあと二つのことがらについて考えておかなくてはならない。

その一つは、近代における人口の急速な都市およびその周辺の産業地帯への移動が引き起こしたことがらであるが、生まれた場所を離れその記憶も薄れた単身者男性が、どのようにしておのれの生の確かなひろがりの世界を獲得しようとし、安住の場所をいかに得ようとしたかに関わる。近代が想定しもたらした自我は、単身の都市生活者のもの、つまり男性のものであり、それはいやおうなく孤立的・競争的であり、自己統制するものであり、前に述べてきたもろもろの組織の中で「主体」であろうとしながら、あるいはそうあろうとすればするほど隷属してしまうことを抜け出せない性質を帯びている。またそれは、「おのれの」(と所有格で認められる) 生のあきらかな有限性の前でたじろがざるをえない存在でもある。ときとしておのれの出自を辿り、帰ることができない「ふるさと」を、そして「母なるもの」を想うとしても、おのれの地位も性能も財産も、墓の中に持っていくことはできないし、「母なるもの」の内に戻ることもできない。生命を孕み産む、つまり生産する身体としての女性は、どこにいても生命の連続可能態の中にある。こういってもよいだろう。女性はおのれの子らを生産するが、近代男性は個々の子をおのれの子として認知するのみであると。これは、性行為と生殖を連続として持つ女性と、性行為をおこなうことはあっても生殖しない男性との差異でもあるが、その差を埋めていた共同体の装置のすべてを近代は一度取り払ってしまったのである（この差異がむきだしになった状態の中で、前述の国家社会的役割のジェンダー的張りつけと独占がおこなわれた）。こうした状況の中で、男性はおのれの「家族」を所有し、支配することにおいてのみ、おのれの自我の有限性を越える方途を見いだそうとする。通常、女性こそが家族に強く関与し、男性はそうではないと思われているが、生の連続体の担保の場として形成された近代的生殖家族は、むしろ男性的自我が要請したものであると私は思う（前述したように、社会的機能としては次世代労働力の確保の場として形成されている）。「外」で稼ぐことの男性による独占が、女性を「家内」にいざるをえないようにしむけたこととの結託が必要であったことはもちろんであるが、女性にのみ「貞操」の義務を負わせたのは、男性の身勝手というよりは、姓を受け継ぎ財産を相続する「わが子」を、誤って認知してしまうことを回避するためであったことは疑いないし、近代家族が、ある男性によって所有され他の者から守護される「プライヴェート」な性質を持つのも、それが男性的自我の相同型であるがゆえに当然のことなのであろう。

男性的自我が、もう一つ、おのれの有限性を越えられると積極的に錯覚した場がある。それは、「単一民族」的構成を装った近代的帝国国家の動きにおのれを重ねられる場である。日本の近代天皇制国家は、その最たるものの一つであっただろうが、「われらが大地と血（純血）」を叫ぶ者は、日本においてのみあったわけではない。「ナショナリズムはならずものの最後のよりどころ」といわれるが、本当は

「男の」とした方がよいのかもしれない。「万世一系」などという偽装も、近代男性が、おのれの生の不連続性、自我の有限性を越えようとする虚偽意識が近代国家と結託して作り出したものにすぎないだろう。近代国家はしばしば、互いに相同的関係にある近代の家族と民族の合作物であり、そこに個別の近代男性が持つ生の連続性への欠如意識が投影されたのだと見ることは、今日の政治状況を考えるときにも一定に有効な視点であろう。

個別男性にとっておのれの生の唯一で最大の発現であるもろもろの欲求を、どこまでも汲んでくれる「母なるもの」への渇望と甘えは、近代男性の心性の基底をなすものの一つであるともいえようが、それはあくまでも、切断された生命連続体への虚しい遡行の一形態にすぎないのである。しかし、本当は人は、他者との間に張られた皮膚を越えて体温を伝えあう中に生の共在を感じとることをする、ゆるやかで開かれた自我を形づくることも可能な存在なのであり、家族は、堅い家屋や塀を持たずに声や食べ物が出入りし、そのメンバーでさえ流動する場であることも可能なものなのではないだろうか。近代の個別男性が、皮膚を自我の防衛線に変え、家族を所有の場に編成してしまったことがもたらした負債は、けっして小さくはない。

二　「オトコなるもの」のなかみとその証明

オトコは、ただオトコという名辞で呼ばれるだけの存在であるわけではなく、多側面にわたる膨大な「オトコなるもの」の体系をその内容として持っている。それは、諸男性集団がある領域を独占的に運営し、そこで生じるなんらかの社会的財を独占的に獲得するための目標・制度・しくみに関する、顕在的あるいは潜在的なすべての性向と遂行能力を指定し、個別男性のさまざまなふるまいや内的な活動のしかたを、その参入した領域や地位などに応じて形成し決定する詳細なプログラムでもある。ここでは、その概略について考えてみる。

「オトコなるもの」の傾向性と諸性能

近代国家社会において中心となる、産業や官僚、軍隊などの組織、さらに政治・学問研究・技術開発・医療・教育などの組織に、優越的、独占的に参入した男性集団は、同時に、諸々の近代的価値軸となる人間としての傾向性と諸性能をおのれのものとして一手に独占することになる。競争と攻撃の性向と能力（強力）、妥協しない意志と一貫した論理性（強硬）、飽くことなき所有への欲望と所有物の防衛（強固）、あらゆる自然の道具化、征服や開発・発展・進歩の担い手（強大）など、一言でいえば、拡張と増大をめざす「強さ」として性格づけられる傾向性である。ヒトの解剖学的オスのすべてにこれらの傾向性を認めること（そしてすべての解剖学的メスにそれを認めないこと）など、本当はできようはずもないのだが、近代国家社会の秩序形成の中での、一定の明瞭な境界を持った男性集団の確立とそれによる諸組織の独占の必要性の前で、新たに編成されなおしたジェンダーとしての男性はこうした「強者」としての「オトコなるもの」であるとされた。

実際にどのような個別の組織に参入し、その中でのどのような部署のどのような地位に配置されるかによって、個別男性が要求される性能に違いがあるのは当然であるが、しかし一般に、この男性の組織化の原理が二型のジェンダーの原理を越え出ることは（顕在的には）ない。あるいは、個別男性が持つ性能によって配置される位置が異なるが、その配置の原理がジェンダーの枠組みをはみだすことはない、と述べたほうが適切かもしれない。いくらか前述したように、ある位置では記号操作能力を中心にした知的能力が、別の位置では組織化された暴力的な身体が、あるいは工業規格的に作動する従順な能力や、最終目標のためにあらゆる資源を動員する社会的・技術的力量などが要求される。当然それらをより多く持つかどうかによって、各組織や部署の中での地位も稼ぎ高も決定されるだろう。傾向性としてのさまざまな「強さ」を持ち、多寡はあれ諸性能の束としてある個別男性は、男性集団の中での激しい競争にさらされ続けることになり、またこの競争とそれへの将来的参加への見通しが、いっそう個別男性のこうした傾向性と諸性能を強化していく。ジェンダーとしての男性の組織・社会は、それ自身が自己形成的なものとして作られているのである。

個体差はあるとしても、ここにあげた諸性能を潜在的には女性たちも当然持っている。しかしそれらを要求される場への参入を期待されない、あるいは参入を阻止されており、それゆえに教育訓練されることも少ない女性たちは、それらを持つ機会を奪われている。しかし、個体差という意味でも、またこれらが相互に背反的な側面も持つ（前に基本的には相互に親和的であると述べたが、個別男性の個別場面では背反的であることも多い）という意味でも、これらの諸性能のすべてを個別の男性が持つことなどありえないのだが、対女性集団・対個別女性の場で個別の男性は、これらすべてを持つことが要求され（あるいは、要求されていると思いこみ）、すべてにおいて女性より優越していなければならないとされる。つまり対女性の場面では、個別男性は常にジェンダーとしての男性一般のすぐれた表象＝代表であることを課せられているのである。

個別男性同士の男性集団の中での競争と序列化の結果として、多くの場合、個別男性は劣等・敗者の位置に、つまり被支配の位置に置かれ、「オトコなるもの」の尺度上で否定的に評価されることになるが、しかし女性（集団）に対してはつねに、すべての面で優越性を保持し、支配する位置になくてはならないこと。男性による女性への「差別の欲望」は、男性が置かれたこの二面性の力学に基づいて維持されている側面があるのではないかと思われる。おのれの劣等性・敗者性・被支配性の裏返しとしての、女性への優越と勝利と支配という構図である。換言すれば、近代男性は、男性集団の一員として「オトコなるもの」の尺度（価値軸）を肯定しつつ、その尺度によってみずからが有する個々の性能を否定的に評価される経験をし、そして対女性の場面ではその経験そのものを否定しなければならないという、こみいった事実を生きることの難しさをみずからに強いているのである。

女性もまた、男性が独占してきた場に「平等」に参入し、そこで要請される傾向性や諸性能を身につけるようになることが必要か、と問われたならば、私は、然り、しかし否、と答えておきたい。それらがなんら男性の「本性」ではなく、男性のみが身につけうる性能でもないこと、また両集団の支配・被支配関係を維持する制度を撤廃し、とりあえず平等を実現させるという意味では、然りである。しかし、従来の近代男性（集団）が独占的に保持してきた諸性能が、はたして今日的・将来的な社会・文化の中で有用で有効なものなのかどうかについては疑ってみるべきであり、それらをそのままの形で女性たちが（もちろん男性たちも）保持するようになることを簡単に肯定することはできない。たとえば、国家官僚に要請される極度に抽象化された記号操作能力を中心においたある種の知的能力（それは学校的知能あるいは受験学力と基本的に同型のものだが）は形を変えていく必要があるだろう。また、組織化された暴力的身体の傾向性と性能（それは兵士が身につけるべきとされるものであるが）を、女性もまた保持すべきかという問いは、「女性も（平等に）軍隊に入るべきか？」という問いに対する答えと同様に、然り、しかし否、である。この問題に関しては、そもそも女性は（本質的に）そのような性能や傾向性を持たない、持ちえないのだ、という議論もあるが、私はかならずしもそうは思わない。どのような位置にあるにせよ、女性もまたこの近代国家社会を生きており、これらの傾向性や性能にある程度、すでに馴致されているからである。実際に一部の女性たちは、すでにそうした社会に進出して、「成功」さえ収めていることは事実であるし、また、一部の女性がたとえば「コドモなるもの」に対して支配的で暴力的な傾向性を示すことも事実である。しかし、可能であることや、すでに一部の現実であることと、それを肯定することは異なったことがらである。将来に向けて、現在あるものとは違った人間の性能や傾向性を、女性であれ男性であれ探究し追求すべきだ、と私は思う。それには、次のような理由もあげておきたい。

ある一定の性質を帯びた傾向性や特定の性能を卓越的に持つということは、単にそれが卓越している状態であるだけではなく、他の傾向性や性能を弱体化したり、不能化したりすることがある。つまり、ジェンダーとしての近代男性に期待され、実際に一定に保持されているものは、私たち自身の中で、他の傾向性や性能の発生や発現を抑制するようにも働いている。たとえば、競争的・攻撃的なそれは、他者との共感性や他者への想像力を退化させることで成立するものであろうし、そうした中で働く意志や論理は、対話的な表現の場には乗りにくい形をとっているかもしれない。また近代男性が、ある種の感情を抱くこと自体を拒絶したり、たとえば泣くという身体表出をみずから抑制したりすることは、彼の中でのある類いの「負」の経験を無化し、結果としてそれが他者の痛みや悲しみへの共感的な理解を妨げているかもしれないのである。

あるものに偏って卓越すること、その卓越性によって支配し優越するジェンダーであることには他の性能の不能化や他の傾向性の貧困化が伴っており、その負債は必ずどこかで払わされているのである。

男が「オトコなるもの」であることの証明

男が「オトコなるもの」であることの証明とは、精確には「解剖学的なヒトのオスは（近代社会の二型のジェンダーが指定するところの男性であり）当然（本質的に）『オトコなるもの』の傾向性と諸性能を持っている」ことの証明と、「『オトコなるもの』を保持する近代男性がその指定する社会的場と役割を独占することは当然（自然）なことである」ことの証明である。これらの証明にはいくつものコロラリーがあるが、それらを含めた全体が、「オトコなるもの」が近代社会にあって支配集団となるための諸制度の形成と維持のために、また「オトコなるもの」が近代男性にとって「オトコたるもの」という規範に転換されるために不可欠なことがらであった。それゆえ、同じく膨大な「オンナなるもの」に関する証明とともに、これらの証明は滑稽なほど繰り返し必死におこなわれてきたが、それはとりもなおさず、この制度と規範が近代の新たな制作物であり、またさまざまな無理を内包しているための必要からでもある。

これらの証明にもっとも活躍したのは、一八、一九世紀的科学であろう。たとえば博物学的・動物学的証明は、強く逞しいオスはその支配する家族のために侵入者と戦ってなわばりを守り、獲物を狩り、メスはもっぱら子どもを産み養育する、といった典型的な「オスは外・メスは内」の性別役割分業とそれぞれが持つ傾向性と性能を、近代が制作したジェンダーとぴったりと一致したものとして描きだす。それはライオンの家族であったり、鹿のそれであったりするが、オスが一頭でメスが複数いれば、それは「ハーレム」と呼ばれて、強いオスの当然の証であり権利であるかのように描かれもする。哺乳類(この命名自体もジェンダー・バイアスのかかったものであろう)以外でも、さまざまな動物のオスやメスが任意に取り上げられては、ヒトのオス・メスに割りつけられた近代的な二型のジェンダーの自然的根拠として使用された。これらの証明は、結局の所、無効である。それらは、近代社会制度のただ中にいて、そのジェンダー規範を内面化した男性生物学研究者が、もっぱらオス(男性)の視点から現象を解釈したにすぎないものであることが、ようやく近年、明らかにされ始めている。そもそも生物学で用いられるオスの記号「♂(槍と楯)」が軍神マルス、メスの記号「♀(鏡)」は美と豊穣の女神ヴィーナスを示すものであることさえも、ジェンダーの物語(眼差し)が先にあったことを示しているといえよう。こうしたジェンダーの鏡に映して偏ってことがらを見、叙述するしかたは、ジェンダー・バイアスと呼ばれる。たとえば、自分の遺伝子を持った子孫をいかにして多く残すかという繁殖戦略を、オスの視点から見れば、(他のオスよりも)強いオスはより多くの頻度でより多くのメスと交尾をする機会を得る、と記述されるだろうが、メスたちの視点から見れば、オス同士に戦わせて残った強い(生存確率が高い)オスと交尾することが、自分の子孫をより多く残すためには有利だ、という記述になる。これをオスが所有するハーレムと見るか、（強い）オスは何頭もいらない、交尾さえすれば後はオスは衛兵として役立てる、と見るかは、まずは視点の違いにすぎない（もちろん、「敗れたオス」はいないものとして無視される）。しかし、勝者のオスの視点からの記述が「科学的」とされ続け、後にはディズニーのアニメ映画にさえなったりしながら今日にまで至っているのが実状であろう。

そもそも近代の人間についての議論においては「人間は動物（ケモノ）ではない」ことの証明に熱心であったのだが、他方でこうした二型のジェンダーの証明を動物学的におこなえばそこに矛盾が生じるのは当然である。「高度な知能を持ち、高度な文化を作りあげた人類」を誇りながら、ことジェンダーに関しては「動物もまたそうである」と擬人化・擬ジェンダー化した議論を並列させるのはまったく単なるご都合主義である。ただ、ここでは詳論しないが、男性は「人間的」であるが女性はより「動物的」であるとする議論が、このご都合主義に絡んでいることは指摘しておきたい。

動物学的証明と同型の論理構造を持つものに、人類史的、あるいは人類学的証明とでも呼べる類いのものがある。太古の時代の人類や（通時的に）、さまざまな「未開」の民族などにおいても（共時的に）固定的な二型のジェンダーが普遍的に見いだせるゆえに、今日ある近代的な二型のジェンダーは人類にとって「自然な」ものであり、またそれ以外のありようは「異常」である、とするものである。本当に太古においても、「外」で狩りをして食糧確保をするのは男性であったのか、実は食糧採集の方が安定的な役割を果たしていたのではないか、あるいは、男性によるとされた狩りも、実際には集団総出のものであり、男性の役割は、あったとしても、追いつめられて弱った動物にたかだか最後のとどめを刺すことにすぎなかったのではないか、といった疑問は、近代的ジェンダー概念の発見後のごく最近になって問われるようになった。そもそも近代の「文明人」はおのれを「野蛮人」や「未開人」の「自然性」から決定的に引き離すことによって成立させようとしたものであったはずであるのに、ことジェンダーについての証明はそれらに依存するというのは、動物学的証明とともにご都合主義のものである。いずれにしても、この百年の間に（男性）学者の指導によって作成された「太古」の人類や「未開」の人々についての「科学的」想像図やジオラマは、そのもととなった言説ともども、ほとんど作りかえなければならないだろう。

「歴史開闢以来、男というものは……であるのだ」というコトバは、今日ではあまりに時代がかっているかもしれないが、一九世紀後半から二〇世紀の半ば過ぎの時点までは、こうしたセリフを吐く（今日「化石」と呼ばれる）男性はいた。前述の人類史的説明と連続しながら、父祖の代からの「オトコなるもの」の歴史的継続性を主張し、それをジェンダーの伝統的必然性の証明としようとする動きそのものは、今日でも存在する。いわば近代社会に擬して歴史を見るしかたである。確かに近代以前にも男性支配はあり、ジェンダーの制度や規範はあったが、それは近代のものと同一ではない。農山漁村の人々の生産も再生産も人々の関係のしかたも、近代都市の俸給生活者のものと大きく異なっていたのであるから、それは当然である。

いずれにしても、封建制の打破と「進歩」を旗印に掲げた近代が、それ以前の歴史社会にジェンダーに関する証明を求めることの奇妙さは免れないのだが、ここでは、近代の二型のジェンダーが単なる封建的身分制秩序の残滓というわけでもないし、儒教道徳の単純な継続というものでもないことも確認しておいた方がよいだろう。いわゆる「戦後の民主的改革」も近代的ジェンダー制度にはまったく手を付けてはいないのである。「戦後民主的」であることと、「歴史貫通的な自然」として認識されたジェンダー秩序は相互に背反せず、男女の「自然的特性」に基づく性別役割分業は、「差異を生かしているのであって、差別ではない」、「民主的」制度内のものとされたのである。

この男女の特性論を援護する、もっとも強力で精緻に組み立てられているかに見える、一連の生理学的証明およびそれに還元される心理学的証明がある。これらには、骨格や筋肉を中心としたものと、生殖器に関わるもの、そしてホルモンや脳構造、それに関連づけての認知能力に関するものなどが含まれる。それらは端的にいえば、「ヒトのオス・男性は、大きな体格で筋力が強く、知能に優れ、能動的な性器を持つ、それゆえにその固有の傾向性や性能があり、男性ジェンダーの役割があるのは自然である」というものである（性器については、次節で扱うことにする）。

確かに動物の多くが雌雄二型の生殖戦略をとり（個体的には雌雄同体のものや時期や環境によって雌雄性のいずれかを示す動物も存在する）、ヒトもまたそれと同様な雌雄二型の生殖機構を持った動物である。動物のオスの個体すべてが体格と瞬発的な筋力においてメスを越えているわけではないとしても、ヒトにおいてそうであるのは事実である。今、個体差の議論は措くとしても、もしそれが人間社会の性別役割や支配・被支配を決定するのであるのならば、体格において劣る日本人は、永遠に多くの欧米人に追従しなければならないということになる。大きな体格と筋力は、ある個体が同一種の他個体と「腕力」の闘争をおこなうときには確かに有利な働きをするであろうが、集団的であったり、高度な武器を使用したりするようになれば、それは無効化される。これらが個別男性にとってもっとも有効性をもって現われる主要な場面は、異性間の性行為を含むヒトのツガイの場、つまり「家族」である。そこには、体格と筋力において劣るもう一つの存在である子ども（あるいは高齢者）もいるのだが、こんにち、ドメスティック・ヴァイオレンスと呼ばれる現象が増加しているのは、その場が男性の、最後で唯一の有利な戦場であるからかもしれない。暴力の対象は、男女の大人にとっては子ども、男性にとっては女性である。

おそらく近代スポーツもまた、この生理的根拠づけのイメージに、大きな役割を果たしてきたのではないかと思われるが、近代スポーツの場で男性が女性に対して優位な結果を得るのは、ヒトのオスの性能に合わせた競技形態が作られた結果にすぎない。たとえば、もしマラソンの距離が八四キロメートルか一六八キロメートルであったらどうであろうか。遠泳や長時間水面に浮かんでおこなう競技があったらどうであろうか（これらは、蓄積した体脂肪の燃焼を必要とするものとして想定してみた。結果について私は知らない）。いずれにしても「肉体的能力」というものを、私たちがあまりにも男性的視点から見ていることに気づいても良いのではないだろうか。

脳の構造とそれによる心理的な性差についての証明は、特に二〇世紀半ば過ぎから、さまざまなものが現われては否定されてきている。そして今日、最後に残った証明の論理は次のような形のものである。それは、実在する男性が、女性とは異なった一定の心理的性質を示すこと自体は、基本的には、それらが近代社会の中で異なった様相を持つ両者の経験から説明されるが、なお説明しきれないものがあり、それは、個体発生の過程での（おそらくホルモンの作用によって起こる）生得的な脳神経システムの性差に起因するのだ、というものであろう。そしてこの証明努力の中でほぼ唯一残されているのが空間認知能力において男性が生得的に優れている、とするものである。こうしたことが「生得的であること」の証明が本質的に困難（不可能といってもよいかもしれない）であることを措いたとしても、もはやこの一つの証明によって、近代的ジェンダーの形成とその社会的な割りつけが必然的であることなど、主張できるはずもないことは明瞭である。ただし、女性が子を孕み産む経験が可能な存在であり、男性はその可能性を持たないということが、どんな差異性をもたらすのかは、考えてみるに値する問題であると私は思う。今日、女性のその経験が、長い人生の中でそれほど長い期間でないゆえに、これを過大視してはならないだろうが。

比較的最近の社会生物学や進化心理学なども、上述してきたものとほぼ同型の議論を、特にその通俗的解説の中に持っているが、ここでそれらを取りあげて検討する必要があるとは私は思わない。本当のところ、残っているのは、「自然、必然だと思いたい（男性の）心性」だけなのである。

以上に述べてきたような種々の論理と表象からなるこれらの「科学的」とされる証明の言説群は、「必然だと思いたい心性」の回路を通して個別男性の（そしてしばしば個別女性の）記憶装置に取り込まれており、多くのマス・メディアが流すジェンダー像とともに、内面化された「オトコたるもの」というジェンダー規範を支えている。それはまた、世界を見る眼差しにジェンダー・バイアスをかけ、日常的な「オトコなるもの」としての振る舞いが（否定されずに）おこなわれるたびに再強化されるものでもある。

三 「オトコなるもの」のセクシュアリティと再生産への関与

近代社会は二型のジェンダーの対が形成する「結婚」と「家族」という性愛（セクシュアリティ）と

再生産（生殖と養育）のための社会制度が隅々まで行き渡った、強制的な異性愛社会として組み立てられている。個別男性にとっての男性権力の（女性に対する、または子どもに対する）具体的行使、「オトコなるもの」の日常的・感性的な発現と強化は、この領域において特に顕著である。この節では主として、男性の異性間性行為に関わる問題の一端と、再生産場面での男性＝父性権力について考えてみたい。

ポルノ的身体としての男性

近代の二型のジェンダーの制作過程で、女性に関しては再生産活動領域が割り当てられ、捏造された自然としての「母性本能」が、男性については性愛活動領域が割り当てられ、同じく捏造された自然としての「本能的性欲」が配置された。一対のジェンダーによって形づくられた近代家族の内部では「正しく」この両者（それぞれ）による性愛と再生産がおこなわれる。そしてこの家族は性愛と生殖と養育にわたって「（抽象化された）愛」によって結合し、「（女性が放射する）愛」によって満たされた「家庭」というものを作るのだ、とされた。今日、こうして制作された、近代の女性が「愛」（無償の愛の労働）で支え、男性が「金」（有償の賃労働）で支える近代家族が崩壊に瀕しているといわれるが、もともとそれは矛盾をはらんだものであった。それでも近代の二型のジェンダーが、それぞれにこの（イデオロギーによって制作された、という意味で）虚構の「近代家族」を懸命に追求してきたことも一定の事実ではあろう。

ただし、近代男性のセクシュアリティのあり方から見たとき、その性行為は婚姻内にのみ設定されたわけではなかった。女性にはもともと性的欲求は存在せず、性行為は単に受動的な「愛」によって夫婦間でのみ（夫の性欲と子の生殖のために、ということになるが）おこなわれるものである、とされたのに対して、男性の性的欲求は止めることのできない旺盛な「本能」として、夫婦間に限定されえない性質のものと考えられた。「溜まる→溢れる（やりたくなる）」、「刺激される→反応する（やりたくなる）」ものとして捉えられた男性の「性欲本能」は「愛なき性行為」の必然を描くことになる（再生産を割り当てられた女性には、愛なき性行為はもちろん想定されず、許されもしなかった。性的欲求も性的快楽も想定されなかったのであるから、その論理からすればこの結論も当然かもしれない）。そこで、近代男性のセクシュアリティに関わっては、婚姻外に四つの性行為領域が半ば公然と登場する。自己完結的なマスターベーション、性的欲求を強化し、ふくらませるポルノグラフィ、金銭によって購う買春、暴力によって果たすレイプである。これらが男性にとっての「性の（旧道徳あるいは神からの）解放」の姿である。

近代男性の性的欲求と性行為は、ジェンダーとしての「オトコなるもの」のもう一つの中心的な領域であり、前述の他の諸性能とともにそこでは常に強力で旺盛であることが求められ、それは「オトコたるもの」の生理学的に分節化され、ポルノグラフィックなイメージで肉づけされた規範にもなっている。性的欲求の強さや持続は、具体的な男性外性器（ペニス）の強大さのイメージとなって捉えられ、その行為は、攻撃と征服、所有などの傾向性と一致しながら、男性ジェンダーの内実を形成するものでもある。ポルノグラフィとは、こうした意味では、男性の性欲強化のためのジムであり、男性の性行為のイメージトレーニングのジムでもあるだろう。男性は、おのれの性欲が萎えることを恐れてジムに通い、より実践的なトレーニングは、ポルノグラフィックなイメージの下でのマスターベーションとなる。しかし現実には男性は、自分の性欲・性行為能力の強さに自信を持つことはなく、つねに不安にさらされる。なぜならば、男性のこの孤立した二つのセクシュアリティの場面には、強さを比較する他の男性の姿はなく、それを計測する尺度もなく、もしあるとすればそれはポルノグラフィに登場する「絶倫」男性だけだからである。いうまでもなくこれは相当に滑稽な姿である。産業や官僚の、あるいはその他の社会的場面での競争よりも、セクシュアリティ領域での強さの競争は、男性にとっては競争相手の見えない隠れた戦場でのできごとなのであり、目前の行為の相手である女性からの（評価と比較の）まなざしに晒される不安につきまとわれてもいる。実際、多くの男性は自分のペニスを平均よりも小さいと考えて劣等感を抱いており（これが男性の嫉妬の中心である）、逆に、社会的に差別された者たちのペニスと性欲は、自分たちよりもはるかに強大で「動物的」であるとしばしば思い、その者たちへの恐怖と差別の根拠にしている。男性の「性的不能」（最近では勃起不全と呼ぶ）はしばしば、こうした状況の中での性的劣等性への恐れと不安が生み出しているということもできるだろう。

「自然」に備わっているはずの強くあるべき性的欲求と性行為能力に自信が持てないときに、ある男性はその欲求と能力を自分自身に対して証明するために、レイプをする。相手からのいくらかの性的な刺激があったと男性が（一方的に）感じた場面で、性行為をしないということは、自分が性的に「弱い」もしくは性的に「不能」であることを認めることになると思い（「挑発」に乗らなければ、それは「侮蔑」されたことに転化する）レイプがおこなわれる。また、他領域での男性的性能について自信が持てないでいるときに、性行為能力の発揮によってそれを補償することもあるだろうし、ある女性が男性領域で自分より有能性を示して劣等感を抱いたときに、その女性がセクシュアリティ領域では「単なる女」にすぎないことを露わにするためのハラスメントやレイプもあるかもしれない。最近、婚姻内の「夫婦間レイプ」という問題も語られるようになってきたが、それらもここに挙げたレイプと同様な性質を持っているると思われるが、そもそも婚姻内性行為の一定の部分が、レイプへの動機と同様の性格を持っているといったほうが適切であるかもしれない。もろもろのレイプは、ジェンダーとしての近代男性が持つ反応図式の端的な現われの一つなのであり、それゆえに、男性固有の（しかたがない）犯罪として格別に守られてきた。それを犯罪として立証する責任はもっぱら女性に課せられ、「自動機械」としての男性を「刺激」してしまわなかったかどうか（もし慎み深い女性ならばけっしてしないはずである、とされ）、必死に抵抗したかどうか（女性は貞操を固く守る、つまり「愛」のない性行為を強く拒否する義務がある、とされる）が法廷で問われ続けることとなった。今日ではようやく、この状況はセカンド・レイプと呼ばれ、これらの論の二重基準性が暴露されてきている。また近代家族における婚姻が性行為を（実際には女性の）義務として課していると理解されるのならば、夫婦間レイプの証明には（女性にとって）さらに困難がつきまとうであろう。レイプの問題は、近代のセクシュアリティ領域における男性と女性の著しく非対称なジェンダー性が明瞭に現われる問題であり、それは近代男性のジェンダーとしての全般的な支配的・優越的地位のあり方とも深くかかわっている。

ペニスそのものへ中心化されてポルノ的に鍛えられた男性身体は、性欲と不安を同時に肥大化させながら、一方ではマスターベーションへと逃避し、他方では「（金銭によって）自由になる」つまり所有（または一時的に占有）された女性へのポルノ的性行為へと向かう。どちらにしても性行為は、交わること（交歓的コミュニケーション）が放棄された形での男性の一方的行為（ポルノグラフィの本質はここにある）として完結し、それでも多くの女性が、「交わった（交歓した）ふり」をして男性の期待に「応えてあげている」という事実も見ておかなければならないだろう(ポルノグラフィはこれを女性の自発的反応として描く)。

凸たるペニスの形状は、当然にして能動性を示すとしばしば思われているが、ボルトにナットを嵌めこむか、ナットにボルトをねじ込むかは、時と場合、あるいは見かたによって異なるだけで、能動と受動を決定するものではない。しかし「オトコなるもの」という男性ジェンダーによって構築された、所有し支配するその強度によっておのれの生を生きる男性的自我は、唯一の確かな存在である「わがムスコ」(ペニスの俗称)と共に、こうした虚構のなかでも強化されているのである。女性から「頼りない」「弱い」といったコトバを投げられたときに、それは経済的な、あるいは日常行動的な非難の意味もあるが、同時にセクシュアリティ領域における侮蔑の意味を喚起することがあるだろう。だからときとして、そうしたコトバに反応して殺人さえも起こることがある。詳細について述べることはしないが、セクシュアル・ハラスメント、ストーカー行為、幼児買春、父親による娘へのレイプなども、これらと共通する要因と様相の中で起こる男性による(犯罪)行為なのである。

生身の身体が感応しあいながらおこなわれるエロス的で交歓的なコミュニケーションは、性行為をその連続体として含みながら、人間たちのもっとも楽しく快い領域の一つであると私は思うのだが、今日では、その相互性が失われて無惨な姿に陥ってしまっているといわざるをえない。近代的なジェンダーによるセクシュアリティ領域における身体と表象の設計は、明らかに袋小路に入り込んでしまっている。

再生産権力としての「父なるもの」

近代国家社会において次世代成員（子ども）の生産（これは通常「再生産」と呼ばれる）は、さまざまな形で国家の統制管理の下に置かれてきた。生殖と養育と教育のいずれもが、直接・間接の差はあれ、近代の医療制度と家族制度、公教育制度の下でおこなわれ、一見、これらは女性が責任を持たされた領域として設定されているようでありながら、その実、全般的な男性支配が貫徹するものとなっている。女性たちのネットワークが大きく関与していた、村の産婆や子守たち、あるいは「庭のおしえ」などというものは、基本的にすべて消え去ったのである。この意味で、近代家族はもっとも強く国家社会の支配・介入のもとに置かれた家族であり、女性（母親）は、直接的・間接的に夫と医者と教師の監督なしにはそれらをなしえない無能者として設定されている。新しく日々「進歩」する知識や技術も、国家社会の規範も、競争社会を勝ち抜く術も、「愛の場（家庭）」で「愛」の手だてによって生きるべき女性には、それらを持つことも理解することも教えることもできず、父親だけがそれらを「愛」なしの権力をもって子どもに教えることができるのだ、とされ、ここに近代的父性としての「父なるもの」が確立される。「オトコなるもの」はまた「父なるもの」をその内実に含み込んだのである（医者や教師には、抽象化された「愛もどき」が添えられている）。

確かに個別の家族内の日常にあっては、ことがらはそうは見えないだろう。近代男性（父親）は外で賃労働をし、否応なく家族の場から不在化させられており、女性（母親）は内で、もっぱら家事・育児に励むという姿は、個別の近代男性が再生産領域を支配することから降りたように見えるかもしれない。しかし、こうした個別男性のあり方を補完するものとして、前記の諸制度が男性同盟内での分業として作られたのである。つまり、個別男性はあくまでもその背後に男性同盟を持っているがゆえに、家族領域内での社会的強者性（一般に「父親の権威性」といわれるもの）を維持できるのであり、もしもそれを取り除いてしまえば、残る優越性は個別男性が所有する金銭と暴力的身体のみである。もちろん、社会が定常的であれば（たとえば、親と同じ教科書を子も使うこと）「父なるもの」の知的権威性はより長く保たれるだろうし、社会経済がいわゆる右肩上がりであったり、父親が社会的競争の勝者であれば、その威光はより強くなるだろうが、こうしたものに（特に今日）多くを期待できないことをもっともよく知る者が、父親自身なのである。だから近代の父親とは、その実像が不可視であること（不在性がそのもっともよい担保である）の上に「父なるもの」を成立させるための家族成員の一致した儀式によって創り出され、維持されることが必要な存在なのである。その虚構の存在が破綻を示すさまざまな場面に現われるのは、父親の所有する金銭と身体的暴力のいずれかである。近代の「父なるもの」は家族内において、通常は関係的存在ではなく（主が不在の席とそこに投影された「父たるもの」の像）、関係的に現われるときには金銭か暴力による他ない（小遣いを与えるか、卓袱台をひっくり返し、殴る）、そうした存在なのでもある。

再生産の発端に位置する生殖においては、確かに一定程度、女性たちがその決定に参加するようになってはきているだろう。とはいえ、たとえば恋愛関係の中での性行為場面で女性が「コンドームをつけてくれ」と男性に常に言えるわけでもない。「愛」を伴った性行為においてはその「結晶」が必然であり、避妊は「愛」がないことを意味するのだとしたら、女性はおのれが生殖（妊娠）可能な状態にあることを示さなければならないからだ（これは、男性の図式が押しつけられているだけなのであるが、それに気づいていない若い男性も多い）。そして女性は常に再生産（産んで育てる）責任を果たさなくてはならないが、男性はときどきそれから逃走する。また男性には、再生産責任を負わないことが前提となった「買春」もあるが、「売春」する女性はここでも再生産のリスクを負い続ける。それでも今日、女性たちが、「産まない自由」を相当に持つようになったことは否めないだろう。だが「産む自由」が諸々の現実条件の下で大きく制約されている中での「産まない自由」は歪んだものにならざるをえないだろうし、「(生理的に)産めない」ことからはそれほど自由ではないだろう。そこには、新たな生殖権力の発動として「買秋」(実りの秋を買う)とでも呼ぶべき事態も生じている。特定女性の関与なしに生殖可能ないわゆる代理母出産であり、その究極型としてのクローン人間である。これらもまた男性集団による生殖権力の現代的な現われとしてみることが可能である。

セクシュアリティと再生産の場においてとりわけ、生命連続体からの疎外に置かれた個別男性の自我は、強力な男性同士の同盟によってその権力性を維持しようとする。一般に「男の友情」と呼ばれるものは、国家目的の下で生死をかけさせられる戦場を除けば、この領域において成立するものではないだろうか。つまり武勇談と猥談によって表現される友情であり、男性自我はこれらの男同士の物語の中に何の遠慮もなく登場し、強化される。他方、社会的競争の場では、男性たちの中にこそ強い嫉妬や怨嗟が現われ、彼らは互いに不信の中に置かれる。こうした心理的な二面性を生きるという意味で、個別男性がある種の葛藤を抱くということも事実であろうが、しくみとして組みこまれたこの二面は、国家社会総体の中では必ずしも矛盾したものではなく、むしろ相互に依存しあったものなのである。

おわりに

男性は、近代において「偉大な男」たちを、政治・経済・科学・技術・芸術・スポーツなどありとあらゆる領域において生み出してきた。ブッシュ氏さえその仲間であり得る彼らの実像がどうであったかを、今ここで問い直すことはしない。彼らが、近代的価値つまり男性支配の国家社会での価値軸において「偉大」であったことには、何のまちがいもない。ただ、もう一方で同じ近代が生み出してきた、私自身の「仲間」である男たちの姿を思い起こしておきたい。

犯罪者、自殺者、アルコール中毒者、救急患者、コレクター、マニア、ギャンブラー、スピード狂、冒険家、テロリスト、ファシスト、ナショナリスト、レイシスト、愛国主義者、レイピスト、買春者、回春願望者、虚無主義者……

社畜、KAROSHI、産業廃棄物、濡れ落ち葉、痴漢、セクハラ男、ストーカー、マザコン、成田離婚、アッシー、メッシー、フェミ男クン、化石……

「偉大さ」の内に隠れた劣敗と空虚と陰萎が、あるいは「偉大さ」のもたらす誇りと自尊と高揚の裏に貼りついた高慢と尊大と自己満足が、さらにそれらに隠れた不満と不信と不安をため込んだ心情が、これらもう一群の男性たちの現われの要因なのだろうか。たしかに、彼らはあくまでも支配的男性集団からの「脱落者・逸脱者」であり、その傾向性と諸性能の過剰と欠如の諸様態であるのだろう。だから私は、「偉大な男」たちとともにこれらも、もう結構ですと願い下げにしたい。

もっと別の男性の姿を実現していくための決定的な契機を、以上の議論から何かひとつだけ挙げるとするならば、それは（不況であろうが好況であろうが）男性と女性こそがすべての領域でワーク・シェアリング（アクティヴィティ・シェアリングと呼んだほうがよいかもしれない）することだと私は思う。それが当たり前であるしくみを作りながら初めて、何かを少しずつ動かしていけるのではないだろうか。皮肉なことに歴史的近代は、近代的ジェンダーを作成しながら同時に、その内部にそれを廃棄する動向とそのための現実的諸条件も用意してしまっている。冒頭に述べた、周縁の一断片であった記憶の風景を、私たちの今・ここの現実世界の中央に、その諸条件を用いながら広げてしまうこと、ただそれだけのことなのである。

追記：ここでの論議は、多くのフェミニストたちと、それに触発されての最近の男性研究者たちの著作に学びながらの、私なりのラフ・スケッチにすぎない。個々の書名は挙げないが、感謝の意を記しておきたい。ただ、私がこうした議論に導かれた一つのきっかけは、私の大先輩であり、私が今いるポストの前任者でもあった乾孝さんが書かれた一冊の先駆的な著書である。その書名だけはここに掲げて、特別な感謝の気持ちを表わしておきたい。

いぬい・たかし『女からの解放　男性白書』光文社、一九五八年

第5章

文化人類学とジェンダー研究——アボリジニ女性の表象をめぐって

窪田幸子

一　文化人類学とジェンダー研究

異文化とジェンダー

文化人類学の調査のためにオーストラリアの先住民であるアボリジニのコミュニティーを訪れるようになって、一八年という長い時間がたった。最初の長期調査で、ある家族の娘として受け入れられた私は、その後もほぼ毎年のようにこのオーストラリア北部海岸地域の調査地を訪れつづけている。彼らの複雑な親族関係の網の目の中に組み込まれた私は、その社会的立場に応じた行動をもとめられる。調査を始めたころ、どんな人類学者もこころみるように、なるべく早くこの社会にとけ込もうと努力していた。そして日常生活で彼らの「常識」をこえるような言動をとって彼らをあわてさせることがないように、緊張の毎日を送っていたことを思いだす。その緊張の度合いははるかに下がったものの、日本から調査地に戻るたびに、彼らの「常識」を再確認し、その行動の範疇に身をおくことになることはおなじである。この彼らの「常識」には、もちろん、ジェンダーが大きく影響を与えていた。

現在では、「ジェンダー」という言葉は、かなり一般的につかわれるようになっているといえるだろう。ジェンダーとは、生物学的性差であるセックスと区別した言葉として、女／男という社会的な枠組みのことをさし、その社会で期待される「男らしさ」「女らしさ」を意味する「社会的、文化的に規定される性別概念」として一般的に使われている。この言葉は、日本ではこの一〇年ほどのあいだに市民権を得、広く使われるようになったが、実はそれほど新しいものではない。

ジェンダー概念の展開の前提として一般的に言われるのは、西洋において近代、宗教的権威が弱まった結果として、自然科学による性差の強調が必要となってきたという点である。宗教的権威が明確であった時代には、女性が男性に従うことは神に示された道であり、そのことに疑問を抱く必要はなかった。ところが、宗教的権威が落ち、男女差を自明なものとする論理が失われた。そこで、女性と男性の差を説明する論理が新たに求められることになった。それが自然科学による生物学的決定論だったのである。そのため、体力、知力、脳の構造、精神、などについての男女差が生物としての人間にはある、つまり性別によってすべての能力や性向が決定されているとする研究が数多くおこなわれてきた。それに対して異議申し立てをおこなったのがフェミニズムであった。生物学的決定論への疑問である。ここからジェンダーという視角が発見されることになる。

一九七六年にフランスで開かれた国際シンポジウムにおいて、各学問分野において男女の二分法に基づく科学的理解についての再検討がおこなわれた。その会議の声明として、「生物学的性差という基盤は完全には否定できないものの、それをもって直ちに男女の社会的文化的性差を導くことはできない」

という認識が示された。つまり、現在みられる男女の能力差が生物学的基盤のみに由来するということを証明することは不可能であり、性差には社会文化的影響を無視することができない、とする立場である。人間存在は生物学的基礎を持つと同時に文化によって形作られる存在であり、この両側面から二重に影響をうけ、生物学的な因子と社会文化的因子とが相互に働きかけるものという認識が示された。「セックス」とは別の「ジェンダー」という概念がはじめて明確に示されたのである。

フェミニズムは、この生物学的決定論を基礎として男女の社会的役割を決めつけていることへの異議申し立てをおこなってきた。生物学的な男女の性差にしたがって、女性は家庭で子供をそだて、男性は外で働くという男女分業の決定がおこなわれてきたが、それは、近代家族をめぐる西洋で生まれた新しい「常識」にすぎず、「男らしさ」「女らしさ」は、文化の中の約束事として作り出された概念である、という主張である。こうして、「ジェンダー」という概念が発見され、社会人文科学分野にも影響を与えることとなっていった。

人類学とジェンダー視角の展開

女性学と呼ばれる分野が成立するのは、第二次世界大戦後のアメリカでのことである。この時期、フェミニズム運動が飛躍的に展開していくのだが、その流れの中で、既成の学問のあり方そのものを問い直すような問題提起としてあらわれてきたのが、「女性学（Women's Studies）」である。フェミニズムは、従来「人間」といったときに、暗黙に男性を指してきたことを批判し、女性の復権を訴えてきたわけだが、学問の世界においても、従来研究者の大多数が男性であったことから、女性へのまなざしが欠如していたことを問題とした。あらゆる分野で問われてきたのは、男性に関する諸事実であり、女性についての事実は欠落していたことを指摘し、それを補うことが必要であることを強調したのである。

これと相前後して男性学（Men's Studies）が成立する（沼崎、二〇〇二）。ここでおこなわれたのは、これまでの学問において「人間」は男性をあつかってきたものの、その「男」とはなにかという問いであった。女性学の取り組みの中で、女性に焦点が当てられたわけだが、それと同様の意味での男性には焦点がなかったことを指摘する。つまり、これまで学問において扱われてきた男性は、公的社会領域の男性だけであり、その私的領域を無視したものだったこと、その掘り起こしが必要であることを指摘するものであった。女性学、男性学のうごきは、それぞれフェミニズム運動、メンズリブ運動と連動しているものといってよい。つまり運動に関わるかどうかが、女性学、男性学と次に述べるジェンダー研究とをわける境目になっているといえるだろう。

一九八〇年代からは、両者を統合するような形で「ジェンダー研究」があらわれる。これは、既存の学問のなかに、社会、文化的性差の刻印を受けた存在として男女という視点を持ち込み、両者の関係性を問うものであった。その多くは、既存の学問分野において、ジェンダー関係の解明をめざすことによって、新たに見えてくる視点を問おうとしたものであった。こうした視点には、学問の行き詰まりへの突破口としての期待もかけられていたといえる。

人類学において女性を中心としてあつかう研究が始まるのは比較的早く、一九三〇年代にはマーガレット・ミード、フェイス・ケイバリーなどの女性の人類学者が民族誌を書いている。しかし、本格的に男性中心主義の見直しが活発となるのは、やはりフェミニズムの影響をうけてのことであった。そして、一九七〇年代になると「女性」の研究課題を中心に「女性の視点」がさかんに導入されるようになる。人類学では主要な二つの研究の流れがあった。その一つは、女性の地位についての通文化比較のための枠組みの模索である。その結果、わかってきたことが、多くの社会で程度の差はあるものの、男性優位が普遍的にみられることであった。そして、二つめの研究の流れはこの普遍性の根拠についての探求であった（オートナー、一九八七／ロザルド、一九八七／中谷、一九九七）。

フェミニズム人類学のめざすもの

「人間」といった時に、無意識にでも男性を中心に扱ってきたという歴史は、人類学においても同様であった。ただ、ムーアも指摘するように、人類学の研究においては女性が完全に無視されていたわけではなかった（Moore, 1988）。それというのも、社会の記述をおこなう中で、女性についての記述は当然のことながら必須だったからである。たとえば、長く人類学の中心的研究であった社会組織の研究においては、婚姻関係や家族構造が注目されてきたわけだが、そこには女性についての記述があった。しかし、無視はされていなかったものの、どのように記述されてきたのか、が問題である。そこに描かれた女性は、あくまでも交換される客体としての女性であり、主体的な姿が記述されることはなかったのである。

こうしたこれまでの人類学における民族誌記述について、フェミニズム人類学は、男性による三つのバイアスを主要な問題として指摘した。一つめは、人類学者が持ち込んだバイアスである。つまり、男女の関係についての調査者の期待を調査地に持ち込んでしまうことである。典型的なものとしては、社会の政治的中心は男性がにぎっているために、男性に話を聞くことを重視してしまうバイアスである。

二つめは調査される社会にある男女に関するバイアスである。どのような社会にも男女についてのバイアスがみられ、当該社会におけるバイアスの解体をめざさねばならないとする。そして、三つめは男女関係とは不平等で階層的なものであるとする、西洋文化における男女関係についてのバイアスである。フェミニズム人類学者たちは、この三つの層からなる男性のバイアス構造を解体しようとしてきた(Moore, 1988)。

こうしたバイアスの解体のための第一歩として、フェミニズム人類学は、調査の焦点を女性に当てていくことをまず重視した。女性の生活、経済、宗教生活などに注目し、これまでに民族誌に欠けていた女性についての記述を豊かにしていくことをめざした。この時、研究者は女性でなくてはならないという明確な枠組みがあったわけではないが、現実に女性に注目し、こうしたフェミニズム人類学的なアプローチをとったのはほとんどすべてが女性人類学者であった。男性人類学者は調査地で女性にかかわることがらを調査することが困難であることは考慮すべきではあろう。また同時に女性であるから女性がわかる、という前提が暗黙裡に共有されていたといえるのかもしれない。この視点の問題性については後述する。

さて、こうした女性についての記述を豊かにしていくことは重要であるものの、しかし、女性の学問の中での「見えなさ」を解決するには、単純にこれまでの人類学に女性についての記述を加えていくだけでは不足であるとの認識がフェミニズム人類学ではもたれるようになった。それだけでは、先に述べた男性社会のバイアスの解体には至らないという認識である。その解体のためには、人類学の理論を再研究し、再定義するという、より大きな仕事に直面しなくてはならないのである。

アードナーの「無言のグループ」理論は、女性グループが男性の理論的枠組みに取り込まれている構造を説明する。主流集団はイデオロギーを統制し、支配している（Ardner, 1975）。小さな集団が主張するためには、この主流社会のイデオロギーに則っておこなわなくてはならない。この支配の構造によって少数集団は、沈黙させられた集団、無言の集団となる。つまりこうした意味で、女性は少数集団の一つであり、男性主流社会のイデオロギーによって主張をするしかなくなっている、ということになる。つまり、人類学そのものが男性中心的なディシプリンであり、男性のイディオムの世界にあることが問題とされているのである。

その一方で、この理論的枠組みの変更については、いくつかの疑問も伴う。主流社会の、（つまり男性の）イデオロギーではないイデオロギーを女性が持ちうるのか、という点である。女性人類学者は男性人類学者とは異なった世界に対する見方をもつのだろうか。それは、単に男性のバイアスのうらがえしとしての女性の女性のバイアスとどう異なるのだろうか。

もうひとつのフェミニズム人類学がかかえる大きな問題は、先にもふれた女性というカテゴリーについての問題である。本当に女性だから女性のことがわかる、のだろうか。「女性」はすべて共通した普遍的経験を共有するといえるのだろうか。女性の歴史文化的な経験は個別なものなのではないのだろうか。そうであるとすれば、他文化の女性の経験を、女性だからといってよりよく理解できるといってよいのだろうか。

女性人類学者は、植民地主義的な影響のなかで育ってきた人類学的理論の枠組みの中にあることを認め、自己の被調査者にたいする優位も認めなくてはならないだろう。同性であることによって似通った経験と問題を共有しているからといって歴史的に生じた力関係は消えはしない。類似性は、歴史社会的に特定の文脈のなかに位置づけられなくてはならない。互いの歴史的経験的差異を理解しようとするということは、いかにジェンダー、人種、階級が互いに関係し、また同時に切りはなし合うのか、という複合的なあり方を見るという試みである。これはムーアが指摘するように、けっして単純なことではない（Moore, 1988）。

女性人類学者が、女性の普遍性を当然視せず、「女性であるから女性がわかる」という利点のある立場を離れると、理論的な人類学の前提だけでなく、フェミニズムの政治的一体性をも疑わざるをえないことになる。フェミニズムは女性の抑圧の認識からはじまり、女性の利益の体系にたいして、共通した女性への抑圧があることを認識し、それを克服しようとしてきた。このとき、対象となっているのは、女性という社会学的なカテゴリーであって、それぞれの女性の個別状況ではない。ここでフェミニズムにとっての問題は、「違い」という概念がこの女性の一体性をこわしてしまうことなのである。フェミニズム人類学とジェンダーの人類学はここで大きく差があるといえるだろう。社会構成においてのジェンダーの役割の研究は社会の中で失われることがないポイントでありつづける。しかし、フェミニズム人類学にとってはそれは主流ではない。フェミニズム人類学にとっては、社会における男女関係についての政治的なプロセスとしての意味が重要である。

一方、ジェンダー研究においては、ジュディス・バトラーが展開したジェンダーの構築性にかかわる議論が重要であろう（バトラー、一九九九）。彼女はジェンダーのパーフォーマティビティに注目した。彼女は、ジェンダーとは歴史的に構築され様式的反復行為によって設定される強制を伴うようなアイデンティティであるとする。ジェンダーは本質的なものではなく、その時代ごとの社会的構築物として捉える視点を提示し、ジェンダーという内的本質と考えられていたものが、実は持続する行為を通して生み出され、身体のジェンダー化された様式を通して定義されるようなパーフォーマティブなものであることを明らかにしたのである。

二　アボリジニ社会と女性

アボリジニ社会の男女

アボリジニ社会は、ながく男性中心的な社会として語られてきた。人類学の民族誌においても圧倒的に男性が社会の中心的な存在として描かれてきたといってよい（Spencer & Gillenm, 1968 (1899); Strehlow, 1947; Warner, 1969 (1937); Berndt, R. 1951, 1955; Meggitt, 1962 ほか）。アボリジニ研究においては、親族研究、儀礼・神話研究が常に中心的なテーマとなってきた。オーストラリアに限らず一九七〇年代以前の人類学のほとんどは、男性の文化のみを調査してきたといっても過言ではないだろう。二〇世紀初頭の人類学者は進化主義的な視点を共有しており、「野蛮人」とみられていたアボリジニは、女性を隷属させており、劣った社会的地位においている、という男女関係についての偏見もあった。下位に位置づけられていると考えられた女性は、重要な知識や権威からは排除されたものとみなされ、主たる調査対象とはされなかったのである。

アボリジニ社会は、多様で複雑な婚姻規則に基づいて社会関係が構築されている。つまり、親族のつ

図1　男性と儀礼．儀礼は，アボリジニ社会の精神的な支柱である．そこで中心として役割を果たすのは男性であり，特に年長男性にとって儀礼を順調に遂行することが特別に重要なこと，とされる．

ながりが社会関係の中心となっている社会なのである。人類学者はいずれもこうした社会組織、婚姻ルールの記述に多くのページをさいている。そして、そこでは婚姻関係、母子関係のなかで女性についての記述がある。しかし、女性は婚姻によって男性を中心とする社会集団のあいだを移動する存在とされてきた。民族誌においては、婚姻規則に従って、男性主体によって、他の男性社会集団に与えられる、受動的な存在として記述されたのである。

また、アボリジニについての民族誌のもう一つの主要なテーマである神話、創世神話、聖地、それにもとづく儀礼などは彼らの社会でもっとも重要なものであり、彼らの世界観の中枢をなすものとされてきた。そうした精神世界の中心はやはり男性がしめる。儀礼に関わっての記述でもまた、女性の劣位性が強調されたのである。儀礼は部族の秘密であり、日常空間から離れた場所でおこなわれ、子供と女性はこうした空間から排除される（たとえばBerndt, R., 1951）。伝統的知識の担い手は男性に限られ、女性はこうした知識から疎外される社会のなかで劣位におかれた存在であるとするもの（Warner, 1969 (1937); Roheim, 1933; Munn, 1973; Shapiro, 1981 など）が圧倒的に多い。儀礼の中枢の知識は男性の、とくに成人儀礼をすませた男たちが責任を持つのであり、女性は重要な精神世界にかかわる知識をもたない。儀礼の踊り、歌などをうけもち、神話を表わす象徴的な絵をえがくのも男性である。とくに神話の中心的な知識を披露する儀礼に参加できるメンバーは儀礼をすませた成人男性だけであり、女性がそうした儀礼の場に近づいたり、見たりした場合は、殺されても文句は言えない、とされる。

このように、社会の中心的な知識と権利は男性主体のものとする記述が一般的に流布し、その結果として、アボリジニ社会は男性中心で、女性は受動的で、劣位の存在であるとするイメージが一般的に共有されることになった。女性を男性の所有物として、女性は婚姻によって男性に与えられるものであり、神話についての知識は、優越する男性のみのものである。女性は男性の所有物で、彼女らの土地へのつながりや地位は、夫の権利の延長上と考えられていた。

女性の主体性についての見直し

このような記述はほとんどが男性の人類学者によって記述されたものである。主に一九六〇年代から活躍するようになった女性人類学者は、このような男性中心的な社会についての記述を、見直す研究をおこなってきた。

非常に早い時期の仕事としてケバリーによるものがある（Kaberry, 1939）。彼女は、儀礼に関しては女性が男性と同等に、トーテムの祖先との太古からの超自然的つながりについての知識を共有していると述べ、単に女性の地位が劣っているとすることに強く論駁した。彼女は、女性の儀礼について記述し、女性も聖なる秘密の知識に親族的なつながりを持つのであって、女性の精神的遺産をおとしめるべきでない、とした。また彼女は、女性たちの生業における経済的貢献もおおきいとし、そのことが女性たちの自律性に繋がっていたと指摘した。

ケバリーの記述は、女性は社会的に従属した存在で、かつ神話的知識を持たないことを常識としていた当時の人類学においては疑問を持って受けとめられた。キャサリン・バーントが一九五〇年代に出した女性の儀礼を扱ったモノグラフは、ケバリーの見解にはむしろ批判的で、女性の神話と儀礼活動を外部との接触の後に新しくあらわれたものとして分析した。定住が強制され、社会組織が変化したことによってうまれた、新しい儀礼活動は、社会関係の維持に影響を持っているものの、若い世代は興味を持たなくなっており、彼女らが儀礼の知識を深めることはないと述べた（Berndt, C., 1950）。

しかし、ケバリーの仕事以降、それまでの男性に従属するだけの下等な存在としての女性という偏った認識をあらためるために、女性が社会において重要な、男性と相互補完的な役割を果たしていることを示す研究が続けられるようになってきた。バーントは、一九七〇年代になってから、アボリジニの儀礼生活が男女の二項対立的なものとした四〇年代の記述を修正し、女性の儀礼とのかかわりを注で記述した。この彼女の動きは、オーストラリアのアボリジニ研究におけるフェミニズム理論の興隆の時期と一致し、女性の地位についての研究、儀礼の経済的側面についての研究を活発化させることになった（Berndt, C., 1970）。

こうした視点の最初の研究が、ハミルトンによるものである。中央砂漠のピチャンチャジャラの女性たちが豊かな儀礼生活を、男性とは独立して持つことを叙述し、一方でこれまでに言われてきたような男性による支配や女性の経済依存をまったく排除することにはつながらないものの、女性たちがこうした儀礼生活を持つことによる主体性が、女性たちの間の連帯的共同性を保証していると述べる(Hamilton, 1987)。

その後、ベルがフェミニズム人類学の視点をさらに洗練させたかたちで明確に示すことになる(Bell, 1983)。彼女は七〇年代の、大陸中央砂漠部でのワルブリ(Warrabri)部族についての調査をもとに、女性の儀礼と社会生活についての研究をおこない、女性が男性と同等に、宗教的で政治的な女性のみの集合体をもつことをあきらかにした。そこでは、女性は男性の主導によって神話世界と結びつくのではなく、自分たち自身の儀礼によって直接に神話的世界につながっているのである。彼女はフェミニズム人類学的立場にたち、これまで人類学者によって語られてきたアボリジニ社会にみられるジェンダーの枠組み、そのなかでも特に、女性の儀礼的中枢からの排除に見られるような社会的不公平は本来彼らの社会にあったものではなく、オーストラリア主流社会のバイアスによる帰結であるとして、アボリジニ社会における女性の地位と役割について新たな視点を提出した(Bell, 1983)。つまり彼女は、白人主流社会との接触は女性の儀礼の衰弱を招き、女性たちの独立性を奪い、依存へと導いたとの立場をとるのである(Bell, 1983, p.46)。しかしその一方でベルは、ジリミとよばれる女性の儀礼的、社会的分離空間を見いだし、これを重要な空間としてその機能を検討した。ジリミとは、結婚を望まない女性たち、寡婦となった女性たちの共同的、自立的生活空間であり、これを基礎として女性たちのみの儀礼が活性化されているという。定住化によって女性の儀礼的役割は弱体化するものの、それと反作用して、ジリミによって男性が近づけない儀礼生活が維持され、女性の独立性が生まれることを論じている。このように彼女は、神話や儀礼に関する「男は神聖／女は俗」という単純な二項対立的叙述を否定すると同時に、接触は儀礼の衰退をみちびいただけではなく、女性の独立性につながったという側面についても指摘した。

このような一部のフェミニズム人類学者による女性についての民族誌的記述の積み重ねにより、女性の主体性を問いなおす試みは継続され、ジェンダー関係についての見直しはある程度おこなわれてきたといってよい。しかし、一般的なアボリジニ社会のイメージは現在も「男性中心の社会であり、社会の中枢的な知識は男性が握り、女性は従属的である」とするものから大きく変化しているとはいいがたい(Rose, 1996)。

三　社会変化とジェンダーのゆらぎ

調査地でのジェンダー関係

筆者の調査地であるオーストラリア北部のヨルング地域では、一九六〇年代から多くの民族誌が書かれてきたが、そのほとんどは男性の手によるものであった。もっとも早い女性人類学者による民族誌はキャサリン・バーントによるものである。しかし、彼女の初期の記述は男性の視点を共有する傾向が強い。二節で述べたような女性の主体性を問いなおす変化がみられるようになるのは、一九八〇年代にな

図2　アーネムランドのアボリジニの町．人口300人から1000人程度の町が広大なアーネムランドに点在する．軽飛行機がこれらの町を近隣の都市と結ぶ．町としての基本的な設備はほとんど整っているといってよい．

ってからのことである。

ヨルングは、オーストラリアの北部、アーネムランドの海岸部を領域とするアボリジニで、数家族単位の村を構成し、季節ごとに居住地を移動する狩猟採集の生活を送ってきた。他のアボリジニと同様に社会組織が発達しており、父系出自集団（クラン）を社会の基礎的単位として、複雑な婚姻規則にしたがってクラン間で婚姻が結ばれ、洗練された親族関係がクランの間を網の目のようにむすんでいる。こうした異なるクラン間の社会関係を基礎として社会生活が営まれる（Morphy, 1991; Keen, 1994）。

各クランは、神話、儀礼生活の母体でもある。クランは、それ独自の、または他のいくつかのクランと共有する神話をもつ。それぞれの神話の主人公をトーテムとし、神話が起きた場所を聖地として所有する母体でもある。儀礼では、クランのメンバーは共同して、神話の歌を唄い、踊りを踊る。その権利は、クランに所属する者に限られる。

ヨルング社会でのジェンダー関係についても、やはり女性が従属的なイメージで語られてきたといってよい。婚姻は、男性からみて、母方の祖母の男兄弟の娘方の孫が婚姻規則上、適正な婚姻相手になるのであるが、この婚姻規則にしたがって、女性は生まれる前に婚姻相手が決められる。そしてこのような婚姻取り決めは、それぞれの集団の男性によってなされる。つまり、女性は婚姻について主体的な選択はおこなわないとされる。また、婚姻は、一夫多妻婚であり、ときには一〇人以上の妻をもつ男もいる。さらに夫婦の年齢差が大きいことが一般的で、男性が二〇歳から三〇歳年上であることも多い。

居住集団の構成についても、男性が中心である。彼らの伝統的な生活単位は、数十人からなる村である。こうした村は、成人男性のクランの所有地に構成される。男性は、成長しても自分の生まれた村にとどまり、他クランの他村出身の女性を妻として迎えるのに対して、女性は自分の生まれた村から婚出し、自分の家族と離れて暮らすという居住集団のダイナミズムがある。そこでは男性主体のクランの親族関係は生涯維持され、クランの土地や聖地との関係も密接である一方、女性は反対に自己のクランとの関係が婚姻を契機に希薄になる。

狩猟採集の生業経済においても女性の役割は小さいと考えられてきた。男性が大きな獲物をとり、女性は貝や木の実など、補助的食料を収集するにすぎない。経済的、政治的に力の強い男が、多くの妻を持つことができる。経済的な意味で、女性が男性に依存することなく暮らすことは不可能で、寡婦となった女性は、夫の親族（多くは弟）に寡婦相続されるか、年長になっている場合は、自分の息子に依存する必要があるとされる。

また、彼らの社会の中枢的な、儀礼と神話についての知識を握るのは男性であり、女性は排除され、神話や儀礼についての知識は持たない存在であるとされる。儀礼には、公開の儀礼と秘密におこなわれる儀礼があり、秘密の儀礼に参加できるのは、特定のクランの成人儀礼を済ませた男性だけであり、その秘密の儀礼において、クランの中枢的な知識が開示される。したがって、女性は神話や聖地についての秘密の知識から排除される。公開の儀礼の部分でも、儀礼の中心をになない、歌を唄い、楽器を演奏し、中心的に踊りを踊るのはみな、男性である。女性の儀礼への参加は周縁的で、重要な役割を果たしていない。神話にかかわる知識をあらわす、砂の彫刻や身体装飾、絵画なども同様に男性のみが描く権利のあるものとして、女性には閉じられた世界として語られる。

こうした親族組織と精神生活を基礎としてくらす調査地のヨルングの人々のジェンダー関係は、その居住単位の構成や土地とのかかわりなどの社会生活においても、生業や交換活動をふくむ経済においても男性が中心で、女性は従属的なものと記述され、そのようなイメージが共有されてきたといってよいだろう。

調査地における歴史的変化

筆者が調査にはいった一九八五年頃までに、ヨルングの人々の生活は、大きく変化していた。白人社会との接触をもたず、狩猟採集に依存し、数家族単位の村で季節的な移動を繰り返すという生活は、過去のものとなっていたのである。一九〇〇年代にはいって、メソジスト派のキリスト教ミッションがヨルング地域にセツルメントを建設するようになった。このミッションは、ヨルングの人々の白人主流社会への同化をめざしてはいたが、ヨルングの文化に大変親和的であった。その関係は友好的で、ヨルングの人々のミッションへの定住は比較的スムーズに進んだといわれている。ヨルングの人々は町に定住し、雇用労働につき、子供たちは学校に通うようになっていった。ミッショナリーたちはアボリジニの同化をめざして、彼らの教化教育に力を注いだ。教会と家を建築し、病院や食堂、店をつくり、プランテーション、製材所をはじめとする各種の産業をこころみた。調査地の中心である町は二〇〇〇人の人口を抱えるほどになった。

一九七〇年代にはいって、アボリジニに対する政府の政策が同化政策から自立自営政策にかわり、ミッショナリーたちは町を去り、ヨルング自身による自治がおこなわれるようになった。この三〇年ほどの間に、町の設備は飛躍的に発達した。町役場などの公共の建物は新築され、病院には医師が常駐するようになった。学校の設備も改善されるとともに、校長もヨルングの女性になった。教員のヨルングの割合も高くなってきている。発電所の機材も新しくされ、かつてのように停電が繰り返されることもなくなった。町に一つだけあるスーパーマーケットも、八〇年代の終わりに大きなものに建て替えられ、品揃えも豊富になった。ファーストフードのテイクアウェイの店も現在では三軒になった。サテライトによってテレビの受信が可能になり、電話も通じた。アボリジニの住居もほとんどが八〇年代後半以降に建て替えられ、三部屋〜六部屋の立派な家屋になり、上下水道、電気、ソーラーによる温水などの近代的な設備が整っている。電話の通じている家も多い。町と都市を結ぶ飛行機もセスナから少し大型のプロペラ機になり、定期便の便数も増えた。町にある四輪駆動車の数も増え、八〇年代とくらべてそれぞれの状態もはるかによくなっている。

図3　アボリジニの住居．3から4部屋のプレハブの住居が政府によって建てられている．上下水道，電気などの近代的設備が整えられている．

図4　日常の足．軽飛行機は，四輪駆動車とならび，現在では彼らにとって日常的な移動手段である．彼らは，儀礼，親族訪問，買い物などの理由で気軽に移動する．

人々は、こうした町で、オーストラリア政府による各種の補助金と町の運営のための仕事、学校、病院、店などでの雇用により、賃金や社会保障の現金を受け取り、町にある店で食料や生活物資を購入するという生活を送っている。子供たちは幼稚園から中学校教育までをこの町で受け、さらに高等教育をつづける場合は、都会の寄宿学校へと進む。全体的に失業率はたかいものの、大人たちのための通信教育、職業教育の機会もあり、失業保険を利用して職業訓練をうけつつ、雇用機会をさぐる場合も多い。人々は、こうして現金を手にし、町に定住し、現金によって購入できるさまざまな利便な道具を利用する生活を送っている。しかし、その一方で彼らは、車やライフルを利用しながら狩猟採集をつづけ、軽飛行機をチャーターして、人々をあつめ、クランの儀礼をおこなう。結婚の規則を逸脱するケースが増加しているが、親族関係を維持するために、規則の逸脱を修正して、生まれてきた子供の位置を正しい親族関係に「みなす」という新たな工夫もおこなわれるようになっている。このように、ヨルングの人々は、近代的な生活のパターンに適応し、現金経済を利用しつつ、その一方で伝統的といわれる自分たちの価値を維持し続ける生活を送っているのである。

ジェンダー枠組みの変化

このような社会的変化がおこった結果、ヨルング社会におけるジェンダー関係にはどのような変化がみられるのであろうか。彼らの婚姻関係に変化が起きていることは、すでに少しふれた。ミッションの時代、ミッショナリーたちは一夫一婦婚を奨励し、年齢差の大きな結婚、特にすでに複数の妻のいる年長の男性が若い女性と結婚することに不快感を示した。ミッショナリーたちのジェンダーについての常識は多様な形で、ヨルングに影響を与えたが（窪田、二〇〇二）、婚姻の変化もその一つであると考えられる。ミッションの白人たちの一夫一婦という婚姻の理想型は理念としてヨルングの人々に受け入れられている。調査の結果、現在では一夫多妻婚の場合でも妻の数は平均して減少し、夫婦間の年齢差も減少した（窪田、一九九七）。

婚姻規則の範囲を逸脱する結婚も増えている。理念的な婚姻規則を遵守するための婚姻取り決めは破棄されることが増え、「恋愛結婚がいい」という語りは一般的になっている。また、未婚のまま子供を産む女性も多くなっている。このような彼らの理念的なクラン関係を逸脱するような男女関係の間に産まれてくる子供は、その所属クランがずれていくはずである。そうなっていくと彼らの緻密な親族関係にはみだれがおきてもおかしくない。しかし彼らは、婚姻関係を逸脱した者や、逸脱した男女関係の間に産まれてきた子供を本来の社会関係に「みなす」システムをうみだしており、逸脱をひろいあげ、クラン間関係に生じる混乱を修正している。女性たちはこうしてうまれる子供のクランについて、問題を抱えることなく、自分の所属する社会集団の中で暮らし続けていくことが可能になっている（窪田、一九九七）。

町に集まって定住することにより、居住単位の構成にも変化が起きた。ほとんどの者が結婚前も結婚後も自分の親族から遠く離れることはなくなった。現在の各住居の構成をみると、むしろ女性間の、つまり母子関係や姉妹関係を中心とするものとなっており、女性が自己の出身クランとの関係を強く維持することになってきていることが分かる。結婚の変化、居住地の変化いずれもが、かつての事例とくらべて、婚姻前の社会関係を維持することにつながっているのである（Kubota, 1992）。

生業経済は、現在では彼らの生活の基礎としては意味を持たなくなっている。彼らの食物の約七〇パーセント以上は、店で購入する食料に依存している。反対に雇用労働、社会福祉の補助金の収入、またクラフト生産による収入という現在の彼らの経済的収入のどの側面を見ても、男性にくらべて女性がより有利な立場にあることが指摘できる。男性は社会の担い手として、ミッションの時代から中心的な経済的役割を期待され、責任ある立場を与えられてきた。しかし、実際に雇用労働によりよく適応しているのは女性である。このことの理由の一つには、女性のおこなってきた採集という労働のパターンが雇用労働における毎日の労働に男性に比べ適応しやすかったことが指摘できるだろう。男性の狩猟は、たまにでかけ、大きな獲物をとるのに対して、女性は毎日少しずつの労働をくりかえしてきたからである。クラフト生産の分野でも男性は大型の高価なものをたまに製作するが、女性は小額の作品をコンスタントにつくる。この面でも女性の方がコンスタントな労働という白人社会の規範により近いことが指摘できる。また、社会福祉の分野では、女性の方が養育手当て、寡婦年金、単身親手当てなどにより有利な立場にある。何より大きいことは、寡婦になった女性が個人としての収入をえられるようになったことであり、これまでのように夫の兄弟や自分の息子に頼る必要がなくなったことであろう（窪田、一九九四／一九九六）。

こうした女性の雇用への適応の背景として、ジェンダーに関わって重要と思われるのは教育の分野である。町の小中学校では、女子学生のほうが適応がよい。授業への出席率だけを見てもそうだが、特に学年が上がると、学校に登録する男子学生の数は減少してゆく。中学程度のクラスを卒業後、ダーウィンの町で高等教育をうけるのは圧倒的に女子が多い。この理由としてはいくつもの要因が考えられるが、

図5　働く女性．町には限られているものの雇用機会がある．このような雇用場面で活発に働いているのは圧倒的に女性である．

そのひとつとしては、男子にとって儀礼が現在も重要な意味を持っていることがあげられる。儀礼は必ずしも自分の町でおこなわれるとは限らず、他の町や村でおこなわれることが多く、少なくとも二週間、長ければ一カ月以上の期間に亘っておこなわれる。こうした儀礼に積極的にかかわる男子学生は、おのずと学校からはなれていくことになる。また、学校の教員には圧倒的に女性が多いことも関係している。成人儀礼を受けたあとの男子は、女性の世界から徐々に離れ、女性のいうことにしたがわなくなる。そうした彼らにとって、さまざまなタブー関係にある女性が教員としている学校で過ごすことは、なにかと精神的な負担が大きいものとなる。

こうしたことを背景として、現在の町で高学歴の資格を伴うような仕事についているのは、圧倒的に女性である。男性はそれぞれの機関の長としての仕事をしているが、ほとんどの場合学歴があるわけではなく、クラン間のポリティックスとして職をえて

図6　女性の樹皮画．もともと女性には樹皮画の制作は閉じられていた．神話にかかわる枢要な知識であったためである．社会の変化の中で，神話にかかわる樹皮画を制作する女性が増加してきている．

いるにすぎない。白人の補助的な役割の者が実務をこなしているのが一般的である。それにたいして、学校の校長、資格を持つ教員、ヘルスセンターの責任者、ヘルスワーカー、役場や店などの帳簿係、銀行事務、デイケアの所長、保母……など、責任を持って実務をおこなっているヨルングのほとんどは女性となっている。男性の場合は、先に述べた機関の長のほかには、警察官やメカニック、運転手などの仕事についているものがいる。しかし、多くがクランのポリティックスの中で苦悩し、やめてしまうことが多く、継続して勤務することも少ない（窪田、一九九六／一九九九）。

神話、儀礼の分野については、男性中心であるという言説は彼らの間で維持されている。日常的におこなわれている儀礼においても、その中心を司るのは男性であり、この時がヨルングの男性がもっとも活躍し、生き生きとする瞬間である。しかし、その分野においても、これまで述べたような社会関係、経済関係におけるジェンダーの変化を背景として、女性の役割が変化している。神話表現の一つの形としておこなわれる絵画は儀礼の中でも、また貨幣収入をえるためにも制作されるが、さきにのべたとおり、これまでは男性だけにその権利があるとされてきた。しかし、近年では女性が、神話に関わる絵画を販売のためにも、儀礼のためにも描く場面が見られるようになってきている。また、それだけではなく、あらたな社会的動きとも連動し、土地権にかかわるような聖地についての語りも女性たちの間に見られるようになっているのである（窪田、一九九九）。

四　ジェンダー視角の問い直し

歴史的背景とジェンダー

第三節でみたように、現在のヨルングの社会では、ジェンダー関係に変化がみられる。この変化は表面的に見れば、二〇世紀に入ってからのミッションの活動、白人社会との接触の結果、ヨルング社会で社会変化がおこり、ジェンダー関係が変化したと考えることができるだろう。しかしはたして、かつては女性が男性に従属的であり、一方的に受動的であったものが、社会変化の結果、女性が優位になったと単純に考えることは妥当だろうか。このような社会変化においてジェンダー関係が変容するあり方を観察、検討する中で筆者に見えてきたのは、むしろ、かつてのジェンダー関係についての記述のゆがみであった。そのいくつかを指摘することにしよう。

まず、社会関係についてみていくことにしよう。その中でも彼らの社会で特に重要な意味を持つ婚姻

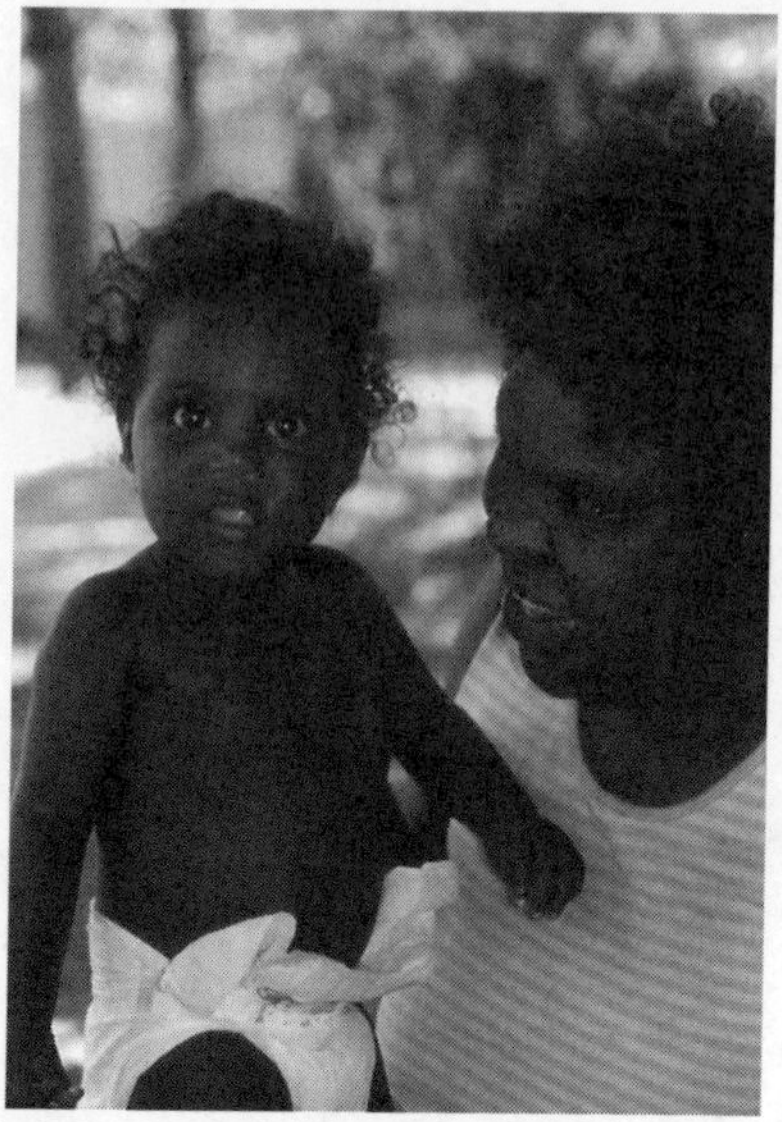

図7　アボリジニの母子．アボリジニ社会は親族の関係が密である．この母子もじつは叔母と姪なのだが，実の母子のように密着した関係が見られる．このような女性同士の関係が，ジェンダー関係の変化の基礎としてあるといえるだろう．

関係については、縁組を決定するのは男性であり、結婚する女性は非主体的であるという記述がなされ、そのようにイメージされてきた。しかし実際は、主に決定をおこなうのは、婚姻を結ぶ者と特定の親族関係にある年長男性であるものの、彼らの姉妹も兄弟と同等に決定に参画する。このように婚姻の決定について男性と女性がかかわることは、彼らにとって「伝統的な」取り決めであると考えられている。反対にいうと、男性であっても自分で婚姻相手を主体的に選択するのではなく、やはり自分と特定の親族関係にある年長の男性とその姉妹によって決定される。その意味では、婚姻を決定される男女にとっては男女共が非主体的である。現在の婚姻をめぐる社会変化は、親族関係に基づいておこなわれる「伝統的な」決定が力をそがれる状況になってきているのであり、このことを嘆くのは男性だけではなく、女性たちも同様である。これはジェンダーによる立場のちがいよりも、年齢と立場による違いなのであり、かつての記述からは女性の参画の部分が抜け落ちていたと言えるだろう。

居住集団の構成が町への定住によって変化したことは確かである。かつての居住集団が男性とクランの土地とのつながりを強く持つ関係を保障するものだったのに対して、女性は自己がうまれたクランの土地から離れるものであったとされる。それが町という場に集住することによって女性たちが新たに女性同士のつながりを強め、自己のクランとのつながりを強く持つことにつながったと考えることもできそうである。しかし、このことについても調査によって、姉妹間、母‐娘間の人間関係はかつてから重要であり、強い紐帯が存在していたことがわかってきた。居住単位の構成は、かつてラドクリフ＝ブラウンがのべたような変化のない定まったものではなかった。結婚の初期には、男性が女性側の居住集団で過ごすことが一般的であったし、その期間はときには非常に長かったことが知られている（Peterson, 1978）。また寡婦になったのち、姉妹や娘の居住集団に移動することも多かった。つまり、こうした調査からは、男性も女性ももともと非常に移動が頻繁であり、居住単位の構成は動態的であり、必ずしもクランの所有地と居住地の関係が一対一対応にはならないことが明らかになった。そのことはけっして彼らの社会で、女性とクランとのつながりだけが希薄であると判断すべきではないことを示しているといえる。

狩猟採集を中心とする生業経済においても、女性の生業にはたす役割はかつて考えられていたよりもずっと大きかったことが指摘されている。特にオーストラリアの海岸部においては、女性が採集してくる食料が全体の食料に占めるカロリーの割合は七〇パーセントをこえるという報告があり、一夫多妻制の意味も、女性の経済的役割が大きいがゆえに妻の数が多いことによって生活がより安定するからであるという指摘すらある。つまり、伝統的な生業においても、必ずしも女性の経済的役割は低いものではなかったと言えるのである。このような生業パターンを基礎として現在の変化を考えると、基本的な女性の生業経済における自立的な力は以前から強かったのであり、そうした経済におけるジェンダー関係のありようが、現代の状況に適応する形で、生き続けていると考えることができる。

最後に、儀礼と神話に関わる女性の役割であるが、これについても女性たちが完全に知識から排除されているというこれまでの記述には疑問が残る。女性たちは儀礼の中心に直接関わることはないものの、妻である女性たちは夫とともに儀礼のおこなわれる土地の近くまで出かけ一緒にキャンプをする。そして、儀礼で必要なものはすべて女性たちが整える。儀礼についての細かな知識なしにこうしたことは不可能である。しかし、彼女らは、つねに「女性は知らない」という語りをくりかえし、見え、聞こえるものについても、見えず、聞こえないとする。つまり、本当に知っているかどうか、ではなく、「女性は知らないことになっている」という建て前を共有することが重要とされていることがわかる。またその「知らない」とする程度にも、年齢や立場による差がはっきりある。小規模ではあるが、女性は女性同士のみの儀礼がある。そうした場では、年長の女性たち、家族の長女である女性たちが、儀礼や神話に関する語りを、活発におこなう場面がみられるのである。

ヨルング女性の実践

女性の処遇だけではなく、儀礼や神話についてヨルング社会は、一方においていろいろな建て前を作りつつ、具体的な諸状況に対してもともとフレキシブルに対応してきた。儀礼や神話の伝承主体は父系のクランであるため、女の子しか生まれなければ、そのクランは絶えるわけだが、その際にどのクランが断絶クランの神話を受け継ぐかについても彼らは柔軟に対応してきたのである。女性たちが現在、神話にかかわる絵を描いたり、クランの神話について語ったりする現象は、社会変化の結果の急激な変化としてジェンダー関係が変化したのではなく、そうした柔軟な対応の延長線上にある対応と考えることができるだろう。むしろこれまで見たように、女性たちは、神話についての基本的な知識や、女性同士の親族的つながり、経済力などを基礎的な力としてもっていたと考えることが妥当だろう。女性の主体性を最初から認めない記述の中でそれらは見逃されてきていたのである。こうしたヨルング社会におけるジェンダー関係が、これまで述べてきたような社会変化に出会ったとき、女性がかつてから持っていた基礎的な力が彼女らに力を与え、現在見られるような対応に繋がっていったと考えることができるのではないだろうか。

ジェンダーの視点からヨルング社会を見ることによって、これまでのヨルング社会のイメージとは異なる男たちと女たちのかかわりが見えてきたといえるだろう。ヨルング女性は、かつてからもけっして受動的なだけの非主体的な存在ではなかったはずである。このような彼女らの男たちとかかわる日常的な実践は、ブルデューのいうハビタス概念に照らして考えることが有効かもしれない（ブルデュー、一九九〇）。彼女たちは日常生活の中で男たちとかかわり、家族生活からより広い社会的な活動にいたるまで多様な営みを社会的に構成し、慣習的に過去から反復してきた行為を継続しておこなうと同時に、そこから新たな実践を生み出してきたといえるだろう。ハビタスとは、相互性と歴史性の中で生み出されてきた行為のおこなわれ方についての社会理論である。それは、「社会の中に構造化された関係を、個人の中に内面化、構造化しながら、また、他方、制約の中で無限にかつ自由に実践を次々とうみだす」（田辺、二〇〇三）ものでもある。

こうした視点は、本論で扱ったヨルング女性たちのジェンダー範疇に従った実践と、そこからはみだし、ゆらぐ新たな実践を捉えるのに重要かつ有効ということができるのではないだろうか。女性たちはジェンダーという歴史的に付与された範疇を生きるのであるが、そこにおいて構造化された制限によってコントロールを受けつつ、無限に新たな実践を生み出しているといえるのである。そして、この中で新しいジェンダー枠組みが構成されていくといってよいだろう。

ヨルング女性は社会、親族関係においても、自己のクランとの関係においても、重要で主体的なエイジェンシーであったし、現在もそうであり続けている。社会変化に出会ったとき、ジェンダーのありようは、それまでのあり方を基礎として継続しながら柔軟に変化に対応し続ける。ヨルング女性たちはジェンダー枠組みの構造に従い、またときに抗いながら、新たな実践を生み出し続けているといえるのであろう。そう考えると、このような女性たちの日常の実践のダイナミズムに注目し、実践のありようを細かく問うことによって、ジェンダー範疇の変化をはじめとする社会の男女関係の規範を変化させるメカニズムを明らかにし、そうすることによってジェンダー研究の新たな視座を開くことになると期待できるのではないだろうか。

第6章

開発とジェンダー

吉村真子

はじめに

一九五〇年代以降、開発をめぐる議論の中で、ジェンダーの視点はさまざまに提起されてきた。経済成長が自動的に女性の地位を向上させるという開発中心主義への疑義から、一九六〇年代以降、開発戦略に女性やジェンダーの視点を入れていくことが唱えられた。そして一九八〇年代中頃には、「開発と女性」から「開発とジェンダー」にアプローチが転換し、その後、女性を主体的な担い手としてエンパワメントしていくことが課題とされた。

しかし、開発途上国において、女性をめぐる状況は貧困、不平等、暴力など、いまだ深刻であり、また開発が進むにつれて、新たなる問題も生じている。開発政策において、女性は労働力として組み込まれていく対象でもあり、またグローバル化する世界経済の中で開発途上国の女性の置かれている状況を新たに捉えなおす必要も出てきている。

本章では、開発途上国の開発とジェンダーに焦点をあてて、開発をめぐる議論におけるジェンダーの位置づけ、開発途上国の女性の置かれている状況、開発途上国の女性をめぐる神話として「器用な指先」と「優しい微笑み」、そして移住労働者としての女性などについて、議論することを課題とする。

一　開発途上国における開発政策と女性

戦後、多くの開発途上国で、経済開発が進められていく中で、開発とジェンダーをめぐる議論はさまざまに展開してきた。

一九五〇年代、六〇年代においては、経済成長中心の考え方が主流で、開発によって経済成長が進めば、その効果が波及（「トリクル・ダウン効果」）し、貧困や経済格差などの問題は成長にともなう所得向上にしたがって解消していくといわれてきた。女性の社会的地位についても、経済成長にしたがって向上し、男女の不平等などの問題も解決していくと考えられた。しかし、実際には開発途上国内の経済格差は解消されず、貧富の格差や分配の不均衡や女性をめぐるさまざまな問題も残された。

ボゼラップ（Boserup, 1970）は、開発途上国の経済、とくに農業生産において女性は重要な役割を占めているにもかかわらず、それは政府の統計や開発政策にもあらわれず、開発計画や土地改革・農業技術革新なども男性を対象とするために、男性は開発による恩恵を受けるのに対して、女性は負の影響を受けることもあると実証的に示した。彼女の著作『経済開発における女性の役割』は、米国の国際開発学会や国連の女性問題専門家に大きな影響を与え、開発政策において女性を位置づけることの必要性を認識させる契機となった。

そして、開発政策において女性に焦点を当てた政策が不可欠として打ち出されたのが、「開発と女性」(women in development: WID) のアプローチである。同アプローチは、開発における女性の役割や開発が女性に与える影響などを分析・評価し、適切な政策を形成しようとするものである。

WIDアプローチ以前の開発政策における女性の位置づけは、将来の発展の担い手である子どもを育てる重要な役割をもつといったものであり、母子保健や食糧援助などの福祉の対象であった。WID以降は、家庭における女性の役割を中心にした福祉や保健、家族計画プログラムへの偏重から転換し、生産活動の担い手としての女性の役割にも焦点が当てられるようになった。

また、当時の開発途上国における貧困や失業の状況から、国際労働機関(ILO)は一九六九年に世界雇用プログラムで雇用促進を奨励し、世界銀行は一九七二年に「人間の基本的なニーズ」(Basic Human Needs: BHN) 戦略を打ち出した。こうした貧困層を対象とした戦略は、WIDにおける貧困層の女性とも対象が重なり、貧困根絶対策として、女性の所得創出プロジェクトも進められた。また一九七五年に開催された第一回世界女性会議のスローガンに「平等・開発・平和」として開発が入れられたのも、開発途上国の女性にとって、開発が大きな課題であったからである。

しかしWIDは開発に女性を組み込むのが主眼であり、そうした女性だけに焦点を合わせた政策では限界があるとして、八〇年代中頃には「開発とジェンダー」(gender and development: GAD) が唱えられ、男女間のジェンダー関係に焦点があてられるようになった。

そしてWIDからGADへの転換後、エンパワメント (empowerment)・アプローチが提起された。

同アプローチでは、女性が単なる開発政策の受益者ではなく、開発計画において、自発的に変化を引き起こす力をもつ存在として、自立する能力を備えることが主眼とされる。それ以前のWIDでは、女性は開発政策の受益者として社会福祉の対象として位置づけられ、開発戦略に組み込まれ、開発を進めるための資源として活用される対象であったので、このアプローチは大きな転換であった。

このように、国際機関を中心として、開発途上国の開発戦略にジェンダーの視点が不可欠と認識されるようになってきたが、開発途上国の女性をめぐる状況は、貧困、不平等、暴力など、いまだに深刻である。

貧困については、世界の総人口の半分強の二八億人が一日二ドル未満で暮らし、そのうち一二億人は一日一ドル未満のぎりぎりの生活をしており、その約六割が女性とされる。

貧しい地域であればあるほど、生活の負担は女性にかかってくる。家事・育児・介護はもちろんのこと、生産維持的な経済活動は女性に任されていることが多く、女性が食料確保や家事労働の責任を負わなければならない。社会的インフラが整備されていない地域では、飲料に適したきれいな水の確保（井戸や川からの水運び）や煮炊きや暖房のための燃料確保（たきぎ集めなど）など、家事労働は重労働である。食料が十分でない場合は、母親である女性が夫や子ども（とくに男児）に食料を優先的に回すことも多く、病気になっても薬の購入や病院の通院なども女性や女児は後回しになることも多い。

また、現金収入の増加など世帯の所得向上によって、貧困世帯の生活も改善されるはずであるが、農村部における商品作物の導入の場合、商品作物生産の技術指導、融資、協同組合の参加などは男性を対象に進められ、女性は実際の生産を担うことが多いにもかかわらず疎外されていくことになる。そして女性には、市場向けの経済活動（換金作物の生産）と非市場向けの経済活動（生産維持的な食料生産）と家事労働といった三重の負担となり、世帯の現金収入についても、男性が支出の主導権を握ったり、現金収入が入るとして男性が働かなくなったりもする。また、男性が出稼ぎに行って帰ってこない場合は、女性が家の切り盛りをしていかざるをえない。

このように、開発計画の立案、実施にあたって、その社会の文化・慣習や所有関係、世帯・家族における男女の力関係などを考慮しない場合には、そのコミュニティや世帯において女性の負担の増加や地位の相対的低下をもたらす可能性もあるのだ。

開発途上国において経済開発が進められ、全体の所得は向上しているはずであるが、男女の所得格差や女性の貧困世帯など、貧困は女性の方が深刻であり、さまざまな問題をはらむ。とくに貧困層に占める女性比率が高くなってきたことは「貧困の女性化」として指摘されている。それは、開発において女性が阻害されてきたことや、グローバル化の進行にしたがって女性の生活や経済基盤が破壊されてきたことなどが要因となっている。

一九七〇年代以降、アジア、アフリカ、ラテンアメリカの農村部では、女性が世帯主で実際に家計も支えている世帯が増えている。その要因としては、離婚・死別・夫との別居以外にも、輸出用の換金作物生産への転換、農業の機械化、土地を持たない貧民の増加による土地保有システムの変化などが影響している。男性が妻や家族を残して、現金収入や職を求めて都市に移住したり、換金作物を生産する有利な地域に行ってしまい、家計に対する責任を放棄することも少なくない(1)。

ガーナなどでは、離婚・死別・夫との別居などの理由で女性が世帯主である家庭は約三割となっており、夫がいても経済的支援を当てにできない家庭を含めると、女性が家計を支えている世帯はかなりの割合を占めると推定できる。

また一九八〇年代の開発途上国の累積債務・経済危機の際には、世界銀行やＩＭＦ主導の構造調整政策によって、緊縮財政や市場原理の導入、福祉の切り下げがおこなわれ、貧困世帯や女性、先住民・少数民族、障害者などの社会的弱者の生活は大きな影響を受けた。一九九七－九八年のアジアの通貨・経済危機の際も、その打撃が大きかったのは、そうした社会的弱者であった。失業やレイオフに加えて、正規部門から非正規部門への転換や不安定雇用への移動などもあった。経済危機など経済の停滞局面で解雇されるのは女性の方が多いが、労働市場からの撤退の場合は失業率に含まれないため、実際の女性の失業率はさらに大きかったはずである。また経済のグローバル化によって、農村や共同体の生存維持的経済が解体されていく一方で、経済危機や不況によって農村や共同体にソーシャル・セーフティ・ネットとしての役割が求められ、労働力の再生産を含めて生存維持部門において女性の役割が再び強調されることともなっている。

先進工業国も含めて女性の所得は男性の七五パーセントしかないのが世界の現実であるが、男女の所得格差は、就業構造における管理・専門・技術職などでの男性の比率の高さ、同じ職種での男女の賃金格差、不安定雇用、失業、教育の格差など、その背景となっているのはきわめて構造的なものである。

とくに教育は重要である。読み書きの能力や教育は、経済格差を生み出す要因となるだけでなく、開発途上国におけるジェンダー格差の基本的な構造を形作るものでもあり、これを是正しなくてはジェンダー格差も解決されない。開発途上国では、社会や家庭において女性の地位が低いために、女の子に教育は不要と考える傾向が強い。

読み書きのできない成人八億五四〇〇万人のうち六四パーセントは女性であるが、開発途上国では、女性の識字率は男性の識字率の八割となっている。インド、エジプトなど四三カ国で女性の識字率は男性の識字率に比べて一五パーセント以上低く、なかでもパキスタン、ネパール、イエメン、ギニア、モザンビーク、ナイジェリアなどは女性の識字率は男性の識字率の半分以下になっている（UNDP, 2002, 邦訳、表二四、二六四―二六五頁）。

初等教育についても、初等教育を受けていない子ども一億一三〇〇万人のうち六割が女性であり（UNDP, 2002, 邦訳、二七―三〇頁）、インド、イエメン、セネガル、エチオピア、ギニア、モザンビークなどは女性の初等教育就学率は男性の七割、ナイジェリアは四割となっている。

南アジアおよび西・中央・北アフリカにおけるジェンダー格差は大きいとされるが、その改善のために、国連開発計画（ＵＮＤＰ）も同地域における教育の推進を大きな課題としている。同じ開発途上国でも、ラテンアメリカ諸国では教育における男女の格差は小さい。ジェンダー格差は政策に大きく影響されるため、ジェンダーの視点を入れた政策の立案が必要である。

二　女性の身体と暴力

女性にとって、自分の生命と身体の安全が保障され、自分の身体に関して自分自身で決定ができることは基本的人権の点でも、人間としての自律の点でも重要なことである。

従来の開発政策では、女性は、子どもを生み、育てる母親として、家族計画や保健衛生、福祉の対象であった。それがしだいに自発的に開発に関わり、自己決定権を持つ個人としての位置づけもなされるようになってきた。

人口政策にしても、低開発国における高い出生率がつねに問題とされるが、当初は、家族計画は全体的な保健政策の一部であり、子どもの数の決定は夫婦や女性に任されていた。しかし、しだいに人口の増加は近代化の大きな障害とみなされ、生殖は国家が具体的に管理する対象となってきた。とくに、男性の避妊や不妊手術に対する反発と抵抗が大きいために、不妊手術や中絶が女性に強制されることが多く、女性の身体や生殖・出産に対する国家の管理が進められることともなった。

国家が強制、処罰、褒賞をもって生殖や出産能力を管理、統制する方法は、米国の人口管理推進派の学者が立案し、インドやバングラデシュ、シンガポールや中国が導入した。

シンガポールやバングラデシュは、夫婦に子ども二人の四人家族が理想的として、政府がキャンペーンをおこない、中国は一人っ子政策を導入した。中国の一人っ子政策では、子どもが一人ならば子どもの教育費・医療費の免除、配給、老齢年金など、さまざまな優遇措置を受けられるが、二人以上の子どもを持つと、「子ども税」などの課税や教育費・医療費・食糧配給など、懲罰的な経済的負担が大きくなる。

国際機関や国が人口削減の計画を策定し、その数値目標が地方や郡、村落のレヴェルになると、強制的なノルマや割当となることも多い。一九七〇年代のインドでは、村の男性たちをトラックで集めて強制的に不妊手術をおこなったケースまであり、そうしたやり方には反発が大きかったために、その後は女性に不妊手術や中絶を強制し、村役場の職員や教員、食糧配給店などに不妊手術の件数をノルマとして課していた。バングラデシュでも、各村の担当者が各世帯の子どもの数や避妊の状況をチェックして、ピル（経口避妊薬）の配布などをおこなっている。

こうした開発途上国の人口削減計画は、世界保健機構（ＷＨＯ）やロックフェラー財団なども関わるプロジェクトであり、援助の条件とされたり、避妊薬や避妊用のホルモン注射（デポ・プロベラ）、埋め込みカプセル（ネットエン）、ＩＵＤ（子宮内避妊具）など多国籍医薬産業の利権も大きく関わっている。また、避妊について男性がおこなうという観点が欠落しており、避妊の普及の対象は女性となっているため、女性ばかりが実際の負担を負うこととなっている。しかも、避妊のためのＩＵＤ、ホルモン注射、埋め込みカプセルなどの副作用の説明もなく、副作用が出た場合の対応もきちんとなされていないことが多い。

とくに南と北の現実の違いは、女性の身体に関する「自己決定権」の議論にあたっても注意すべきだろう。北でも人工妊娠中絶の選択の議論と身体を売ることや代理母の議論では「自己決定権」の社会的文脈が異なるように、とくに南では人口政策の名の下に、不妊手術や避妊薬で女性の身体がぼろぼろにされていく現実がある。こうしたことは政策的に強制されたものであっても、自分で決定したとして問題とされない。こうした南と北の現実をふまえることは議論や政策に必要なことであり、元来、男性女性双方に関わるはずの生殖を女性にのみ責任を負わせる構造が、南では過酷なまでに女性の身体に負担を負わせている。そして、そもそも南の人口が「過剰」という認識は、「北の過剰消費」すなわち先進工業諸国の生活様式やその背景にある南から北への資源流出を問題とせず、そうした生活様式を前提とした北の西洋的核家族形態を普遍化したものであることも重要な点である（後藤、一九九九／江原他、二〇〇一)。

開発途上国における幼児婚、多産などといった風習も、女性の身体にとって大きな負担になる。幼児婚では、幼いときに性交渉をおこなうために膣裂傷が起きたり、妊娠や出産の身体への影響も大きい。多産で、何回も妊娠、出産することも肉体的負担が大きいが、一定の期間(二年など)をあけない場合はさらに肉体的負担が大きくなる。

また、衛生状況や栄養状況などが悪い場合は、妊娠、出産の際に、生命や健康に関わる危険性も高く、毎年、五〇万人を超える女性が妊娠と出産が原因で死亡している。とくにサハラ以南アフリカでは、妊産婦の死亡は一三人に一人の割合となっている。熟練した保健士の介助により妊産婦死亡率を下げることができるとされているが、熟練保健士の介助する出産は南インドでは二九パーセント、サハラ以南アフリカでは三七パーセントと低い(2)。一九八七年以降、世銀やWHO(世界保健機関)、UNDPなどが妊産婦の死亡率を下げる特別援助計画を実施しているが、中南米やアジアの一部では効果が出ているものの、アフリカや南アジアでは対策が追いつかない状況が続いている。

開発途上国においては、伝統的な文化・価値観や慣習によって、家父長制や男尊女卑の考え方が強い社会が多い。イスラーム社会やヒンズー社会のフェミニストたちは、宗教や文化など伝統の名のもとに暴力が容認されてはならないと主張し、女児殺し、性器切除、ダウリ殺人、サティ(妻の殉死)、寺院買春、鞭打ち・石打ち刑、女子の相続権否定といった伝統的家父長制が引き起こす暴力や差別をなくそうと運動してきた。またカトリックを含め、世界の保守的な宗教勢力が認めようとしない女性の性的自己決定権を求めて、女性たちはリプロダクティブ・ライツやセクシュアル・ライツ(性的権利)を国際的に認めさせようと訴えてきた（松井、一九九六、二一九頁）。

社会における男児選好が強い場合、出生前の性別診断で女児と判明すると中絶したり、また生まれても、嬰児のまま殺したり、放置したり、乳幼児や児童に対しても食事や病気の手当てを十分にしないなど、女性であるだけで生命が脅かされる。そうした嬰児殺し、放置、性別を選択した中絶によって「失われた」女性は全世界で一億人と推定されている（UNDP, 2002、邦訳、三〇頁）。そして、そういった事例はインド一国だけで五〇〇〇万人に上るとされ、誕生前の性別判断による女児の中絶については、ボンベイのある診療所の調査（一九八四年）で八〇〇〇件の中絶のうち七九九九件が女児であったという。また一人っ子政策が導入された中国でも、男児を望む伝統が強いために、女児が生まれたら殺したり、出生を届け出ない（闇っ子）などの問題が指摘されている。

またインドでは、ダウリ（持参金）の額が少ないとして、結婚後もダウリを要求して妻に対していやがらせや虐待、殺す事件が報告されている。油をかけて焼き殺したり、首を絞めたり、夫やその家族が妻を殺し、料理中の事故や自殺として届け出る。ダウリ殺人は、一九八三年の四二七件から、一九八七年一七八六件、一九九一年四八五七件と増えている。これは警察や病院などで報告された件数だけであるが、一九八三年に女性に関する事件を扱う特別課（女性課）がデリー警察に設置されたこともあり、それ以前は事故として処理されてきたダウリ殺人が事件として表面化してきたともいえるだろう。ダウリの習慣は、北部の上流階級の習慣が中流階級や庶民にも広がったものだが、学歴・職業・カーストによって金額や物品の要求が違ってくる。一九六一年にダウリ禁止法が制定されているにもかかわらず、社会の発展とともにダウリとしての現金や物品の要求は高まっており、伝統的な慣習というよりも、物質主義の高まりや、結婚しないと女性は一人前でないというインド社会が問題であろう。妻が夫の虐待に耐えかねて実家に逃げ戻っても両親が夫の家に戻そうとしたり、夫に焼き殺されかけても離婚を恐れて妻が病院や警察に事故と証言したり、インドの女性のおかれた状況は深刻なものである。

北東部から西部にかけてのアフリカ諸地域やアラビア半島の地域などでは、「割礼」などの名称で女性の性器切除がおこなわれている。女性性器切除は、陰核の包皮を切除する比較的軽微なものから、外陰部などを切除して生殖器の縫合をおこなうものまで、形態はさまざまである。実施する年齢も四－五歳の幼児期から成人儀礼の一環として思春期におこなわれるなど幅広く、手術が社会的に持つ意味も共同体によって異なる。女性性器切除については、一九七〇年代以降、女性の健康に有害であり、女性に対する暴力であり人権侵害であるとして問題視されるようになったが、野蛮な因習として批判する欧米のフェミニストの見方に対しては、アフリカの女性たちから植民地主義的として反発もおきている。この問題は、共同体の儀礼などの文化的側面とも関わっているが、女性の身体の健康にとっての問題として議論を進めるべき問題である。(3)

また家庭内暴力（ドメスティック・ヴァイオレンス：ＤＶ）や強姦（レイプ）、セクシュアル・ハラスメント（性的いやがらせ）、人身売買など、女性に対する暴力や人権侵害は、先進工業諸国でも存在するが、開発途上国ではより深刻である。また武力紛争下においても、女性は暴力、とくに性暴力の対象となることが多い。(4)

暴力を受ける対象は、貧困層や低学歴の集団に限らないため、女性の経済的自立や教育に加えて、女性が人間として個人として自信と尊厳を持って生活していける社会環境や男性の意識変革など、ジェンダー状況の根本的な改善が求められる。

世界の女性運動の成果もあって、九三年のウィーンの世界人権会議は「女性の人権」を明記し、同年暮れの国連の「女性への暴力撤廃宣言」では、私的なこととされた家庭内暴力や伝統に根ざす暴力を人権侵害とみなした。そして九四年の国際人口・開発会議（カイロ）では「リプロダクティブ・ヘルス／ライツ（性と生殖に関する健康／権利）」がカイロ行動計画第七章に盛り込まれ、九五年の世界女性会議（北京）の行動綱領はセクシュアル・ライツを実質的に盛り込んだ。こうした女性への暴力は、単に直接的な問題としてではなく、開発や平等といった観点で捉え、構造的な問題として議論されることが重要なのである。

三 「器用な指先」と「優しい微笑み」

開発途上国の女性については、ステレオタイプのイメージが存在している。サイードの『オリエンタリズム』にふれるまでもなく、歴史的に開発途上国に対する先進工業国の見方はバイアスがかかったものであったが、それは女性に関してもあてはまる。開発途上国の女性としてイメージされるステレオタイプは、「従順」、「素直」、「優しい」、「ひかえめ」、「かよわい」、肌の色の違うエキゾチックな女性である。そこには、先進工業国の女性たちが「（経済的にも精神的にも）自立した強い女性」としてイメージされるのとは対照的に、開発途上国の女性には、有色人種や現地社会の伝統文化・慣習への差別や偏見も影響して、現在の先進国では失われた女らしさが残っていることが期待されるのである。また同時に、エキゾチックな他民族の女性への好奇の目から、「セクシー」で「官能的」なイメージをもって見られるのも事実である。

欧米の「メイルオーダー花嫁」や日本の農村部の「アジアの花嫁」などは、開発途上国との経済格差と「失われた女らしさ」のイメージを背景としている。開発途上国から「女らしい女性」を金を支払って業者を介して得ようとする男性は、自国の女性とは結婚できない場合が多い。生活環境（家族や家事・介護・労働環境）が厳しい場合や対等な立場で人間関係を結べない場合など、その背景にあるものはさまざまであろうが、いずれにせよ商業ベースで開発途上国の女性を結婚相手とする根底にあるのは、経済格差を前提とした差別的な考え方である。また日本の暴力団などがフィリピン人や中国人などの女性に日本人男性と偽装結婚をさせて入国・就労させる事例も多いが、欧米の「メイルオーダー花嫁」の場合、売春婦の輸入の隠れ蓑に使われることも多いとの指摘もある。

グローバル資本主義の下で、第三世界の女性の神話を体現しているのは、メイルオーダー花嫁だけではない。農業部門ではアグリビジネスとつながった換金作物の生産において、辛抱強く家族のために働いている女性たちがいる一方で、製造業部門では、輸出加工区の女性工場労働者が多国籍企業のために働いており、サービス部門では国際観光業に関連した観光ビジネスで働く女性たちがいる。

アジア、ラテンアメリカなどの開発途上国は、工業化をテコとする経済成長をめざしてきたが、産業育成政策を輸入代替型から輸出指向型に転換してから、自由貿易地域や輸出加工区を設置して、積極的に欧米や日本の多国籍企業を誘致してきた。

その際、特徴として指摘されたことは、繊維・衣服産業や電機・電子産業といった業種の労働集約的工程の労働者として、若年の女性が多く雇用されたことである。

多国籍企業が女性労働者を好む理由としてあげるのは、①女性の賃金水準が低い、②新卒が豊富に供給される、③就業年数が比較的短く雇用調整が容易、という労働市場での条件のほかに、（第三世界の女性は）④指先が器用、⑤視力がいい、⑥辛抱強い、⑦従順、などの「女性労働独自の性質」である（吉村、一九九八、第五章）。

しかし、「女性は器用だ」とよくいわれるが、これは生物学的な遺伝に由来するというより、女性の役割に適しているとみなされる仕事について、母親や女の親族によって幼児期から受けてきた訓練の結果である（Elson and Pearson, 1986）。女性は「家事労働」として社会的に目に見えない私的な形で訓練されているのであって、けっして不熟練・半熟練ではない。就職前にすでに私的領域で訓練されているがために、企業に就職した後の訓練期間が短くて済むのである。

また⑥や⑦も、そうした特徴は女性の「特質」として社会で期待され、形成されたものである。開発途上国で、家父長制が強い社会であるならば、男性の上司（しかもときとして外国人）に対して、女性の労働者が従い、文句をいわずに働くことにうまく使われる。

このように女性が「辛抱強い」ために長時間単調な仕事に耐え、「従順」であるために厳しい管理の下でも働くということから言えば、企業にとって女性は扱いやすい労働者であり、しかも生産効率も高く、低賃金の労働力として理想的である。しかも、労働市場における女性の位置づけからすると、たやすく雇用でき、しかも解雇しやすい労働予備軍ともなる。すなわち女性労働こそが生産性が高く、効率的で、管理しやすい、しかも安上がりの、資本にとって有利な労働力なのである。

開発戦略において、女性は労働力として組み込まれる対象であり、労働市場への参入は、国の産業発展の推進と世帯の所得向上のためにも奨励された。しかし、それが資本にとっては安価な労働力の供給であり、女性の労働状況の悪化になるとするならば、けっして望ましいことではない。

開発途上国の女性工場労働者の労働環境は、深夜勤もあり、職業病や労災・火災も多く、寮も狭く、通勤途中や職場でのセクハラや性暴力、トイレ回数制限、既婚者への差別や結婚退職制、若年定年制、産休が取れないなどの問題が従来から指摘されている。しかも、そうした問題があっても、現地政府は、多国籍企業の利権を守ろうと、戦略部門における労働組合の設立を認めなかったり、労働運動を禁止したりすることも多い。また労働組合でも、女性労働者の問題が無視されたり、女性労働者の発言力が弱かったり、労働運動においても家父長制的なジェンダーのヒエラルキーが見られることも多いのである。

開発途上国が輸出指向型工業化と並行して、積極的に振興しているのが観光業である。開発途上国にとって、観光産業は外貨獲得の重要部門であり、経済政策に大きな位置を占める。国際航空業の発展や渡航の自由化にともなって、一九五〇年代以降、欧米諸国では外国旅行がさかんになり、六〇年代に入ると欧米から開発途上国への渡航も増えていった。そうした先進工業国からの外国人旅行客に合わせて、ホテルや飲食店やみやげ物店ができ、リゾート開発など観光資源の開発などと並行して、サービス業の強化が図られる。そして、観光資源もあまり豊かではない開発途上国で、観光客向けの娯楽サービスの一環としてセックス産業が位置づけられていくのである(Truong, 1990, Chapter 3)。

アジアでは、ヴェトナム戦争時に米軍とのR&R協定によってタイやフィリピンでセックス産業が発展し、その後、欧州や日本で買春《かいしゅん》を組み込んだアジア行きのセックス・ツアーが増加している(5)。

日本の沖縄もそうだが、フィリピン（一九九二年に撤収）や韓国の米軍基地など、外国の軍の駐留は基地周辺での売買春を増やし、性暴力や犯罪なども生じさせている。また軍隊でなくとも、国連や国際援助機関の駐留も売買春を増加させており、九一年の国連カンボジア暫定統治機構の展開で、首都プノンペンの売春産業は前年の一五〇〇人の規模から二万人の規模まで急増（『毎日新聞』一九九五年七月七日）した。

また児童買春や児童ポルノは多くの国で禁止され、規制の対象であるが、開発途上国では規制が緩いと見て、欧米人や日本人が児童買春を目的として東南アジアを訪れることも少なくない。子どもを性的欲求の対象とするペドファイル（小児性愛者）は、かつては欧米人が多かったが、最近は日本人も多くなってきた。(6) インターネットで情報を交換したり、業者がポルノ制作目的で子どもを雇ったり、悪質なケースも多い。

またセックス産業の出稼ぎや人身売買は貧しい地域からの女性が多く、また少数民族や先住民の女性なども含まれている。それは国内に限らず、国境を超える場合もあり、そこにも経済格差に基づいた「貧困のヒエラルキー」の構造が見られる。フィリピンやタイの女性が日本のセックス産業に売られ、ミャンマー（ビルマ）・中国・ラオス・カンボジアの少女がタイに売られる。(7) そして、ネパールからインドや香港へ、バングラデシュからパキスタンやインドへ、ヴェトナムから中国やカンボジアへ女性が売られていく。

こうしたセックス産業の発展は、豊かなる国の男性による貧しい国の社会や女性（場合によっては男性）に対する差別や偏見も土台となっている。すなわち、先進工業諸国でもセックス産業はあるが、開発途上国を訪れる買春者は経済格差や異民族・異文化を言い訳に、買春を肯定したり、開発途上国の女性（男性）に対する差別や偏見から好奇の目を向けたり、故国や家族から離れて開放感を感じたりするのである。そして多くの国で買売春は違法行為であるが、こうした買春者は開発途上国では許されると考えているのである。開発途上諸国内でも物価の安い隣国への買春ツアーはさかんであるが、その際にも同じ構図が見られる。

豊かなる国や地域の男性は、貧しい国や地域の女性に対して、売春を強いながら、そうした女性へ差別や偏見の目を向け、そして同時に「失われた女らしさ」や「優しい微笑み」を期待するのである。

四 移住労働者としての女性(8)

国境を越えた人の移動は、移住労働者（出稼ぎ労働者）、旅行者、留学生、移民、難民など、多様な形態を持つが、男性か女性かによって性格が異なる。とくに一九八〇年代以降、女性の移住労働（出稼ぎ）が増加しており、家政婦や看護師など女性特有といわれる職種に集中している特徴とともに、「移住労働の女性化」として指摘されている。

人の移動は、歴史的にさまざまな形態でおこなわれてきたが、戦後の移住労働は、経済の発展に大きな影響を受けてきた。とくにアジアの海外出稼ぎにとって最大の出来事は、石油ブームであり、一九七三年の石油ショック後、石油産出国における建設ラッシュにともなって、アジアの多くの男性が出稼ぎに向かった。そして一九八〇年代には、中東への出稼ぎブームも収まり、アジア地域内での労働力移動が増加するなど出稼ぎの動きも変化し、また並行して女性の出稼ぎが増えてきた。

従来の出稼ぎ労働者の典型的イメージは、男性が肉体労働者として単身で外国に行き、女性はその家族として後から来て働くというものであった。しかし近年は、女性が男性出稼ぎ者の家族としてではなく、個人として外国に出稼ぎに行くケースが増えてきた。

女性の移住労働の増加は、出稼ぎの移動の自由の拡大、経済的な活動の活発化などが背景にあり、出稼ぎの目的も、多くは家族に対する援助のためだが、しだいに女性自身が自律を求めて出稼ぎを選択することも増えてきた。これは、若年女性の自立志向以外にも、夫との離婚・死別、家庭内暴力など、経済的自立の必要性や国内の雇用機会の少なさなど、開発途上国の女性の置かれている状況も影響している。また送り出し国の政府が、外貨獲得のために海外出稼ぎを奨励することも多く、女性の出稼ぎを後押しする形となっている。

国によっては、出稼ぎ労働者に占める女性比率が高く、アジアではとくにスリランカやインドネシア、フィリピンなどが挙げられる。

スリランカの場合、女性の出稼ぎは八〇年に男性を上回り、九四年には外国出稼ぎの八四パーセントを占めている(9)。そのほとんどが家政婦で、出稼ぎ先は中東が多い。インドネシアの場合、海外出稼ぎの女性比率は八割で、ほとんどが家政婦である。出稼ぎ先は、八〇年代末までは中東が多かったが、次第にアジアの近隣諸国も増えている。またサウジアラビアなど中東、香港、台湾、シンガポールなどへのインドネシア人の出稼ぎの九割以上が女性である。

フィリピンの場合、海外出稼ぎは、高い失業率が背景となっているが、その六割が女性で、家政婦や看護師、エンターテイナーなどに集中している。男性の場合は建設労働者やエンジニアなどである。家政婦や建設労働者は中東、香港、シンガポールなどへ、看護師、エンジニアなど技能を持った労働者は米国などへ向かっている。

海外で働くフィリピン人は、就労登録二九四万人に、未登録（不法就労）一八四万人と永住二五五万人を合わせると、計七三三万人（二〇〇〇年末現在）[10]であり、人口の一〇パーセント、就業人口の二三パーセントに相当する。こうした出稼ぎ大国フィリピンにとって、出稼ぎ労働者から自国への送金は六〇・五億ドル（二〇〇〇年）[11]にのぼり、大きな外貨収入となっている。政府も海外出稼ぎを国策として位置づけており、労働雇用省（DOLE）とフィリピン海外労働オフィス（POLO）、フィリピン海外雇用庁（POEA）の三関係省庁が関係法令や制度を定め、出稼ぎ労働者の支援と保護、雇用者のチェック、技能訓練にまで関与している。

ほかのアジアの国々、バングラデシュ、ミャンマー（ビルマ）、中国、インド、ネパール、パキスタンなどでも女性の出稼ぎが増加している。

女性の移住労働は、家政婦や看護師といった、女性特有とされる伝統的な職種に集中している。女性は家庭の家事・育児・介護の担い手であることが多いが、その担い手が出稼ぎで家を離れ、残った家族がその肩代わりをしたり、親類や近隣の女性、もしくは農村部からの女性が家政婦として雇われたりする。しかし、高収入を求めて国外に出稼ぎに行く女性も、その出稼ぎ先で、家事・育児、看護・介護に従事しているのである。

このように、先進工業国や開発途上国の成長地域において、家事・育児、看護・介護の担い手が外部に求められ、女性移住労働者が家政婦や看護師といった職種に集中して雇用され、その移住労働者の家庭や、その家庭で家事労働に従事する女性の家庭も含めて、ここでも家事・育児、看護・介護の担い手が外部に求められる。こうした連鎖が国境を越えた形で形成され、「ケアのグローバル・チェーン化」ともいうべき状況が生み出されている。

看護・介護にしても、欧米でフィリピン人看護師が雇用され、日本でも韓国人やフィリピン人の看護師の導入が検討されるように、介護・看護の担い手として移住労働に依存する構造もできつつあるのかもしれない。

家庭も社会も女性に家事・育児、看護・介護の役割を期待するが[12]、家庭や地域社会で女性が家事・育児・介護を担っても、無報酬かボランティア的な低賃金を得る程度であり、家政婦として働く場合も家事労働の延長として不熟練労働者として分類される。

そして、先進工業国や開発途上国の成長地域やその都市部において女性の社会進出と経済的自立が進むにつれて、家事・育児・介護の外部化が求められ、移住労働者の雇用という選択肢があることによって、ケアの担い手としての女性、とくに低賃金労働者としてのケアの担い手＝女性という伝統的な役割分担が新たな形で国際的に固定化されていくのである。

しかし女性の海外出稼ぎに関しては、出稼ぎ先での暴力・虐待や強姦、賃金の未払いなどが従来から指摘されてきた。また虐待行為がない場合でも、家政婦の仕事では、労働時間八－一〇時間と規定されていても、家事労働という性格から早朝から夜中までの長時間労働になる場合が多く、乳幼児がいる場合には二四時間労働に近く、睡眠もろくにとれないことも多い。また女性・男性に限らず、雇用者にパスポートを取り上げられ、給料も契約期間が終わるまでは支払われず、勤務先や労働条件などに不満があっても、帰国も外出もできないといったケースも多い。

日本では、一九八〇年代以降、いわゆる三K（きつい、汚い、危険）と呼ばれる労働条件の悪い不熟練労働における人手不足から外国人の不法就労が社会問題化したが、政府はブラジルなど中南米の日系人の就労を認めたり、研修生制度を作るなどによって対応をしてきた。しかしながら、東南アジアとの関連でいうと、大きな問題が残されている。すなわちフィリピンやタイといった東南アジアの国からは男性よりも女性の出稼ぎが多いのが特徴であり、しかも性産業の就労が多く、人権抑圧や虐待などの問題が従来から指摘されているのである。

日本は、五八年に国連の「人身売買および他人の売春からの搾取の禁止に関する条約」（四九年に採択）に加入している。また八五年に日本が批准している国連の「女子差別撤廃条約」にしても、その六条は「締約国はあらゆる形態の女性の売買および女性の売春からの搾取とたたかうために、立法を含めすべての適切な措置をとることに同意する」となっている。だまされて日本に連れてこられ軟禁状態で売春を強制されたり、エンターテイナーとして来日して売春を強要されるなどのケースは、こうした国連の条約にも反するものであり、日本政府はアジア女性の救出や保護、加害者のブローカーやスナック経営者などの摘発などに努めるべきであり、現状の把握とともに、関係諸国の政府や民間団体と連絡を取りながら、早急に対策を立てることがもとめられている。

おわりに——行動を起こす女性たち

開発途上国の女性たちは、開発とグローバル化のもとで、あらたな経済格差や不平等を体験している。「貧困の女性化」が示していることは、開発や成長の恩恵は必ずしも男性と女性に平等にもたらされるものではないことである。また女性への暴力も依然として解決すべき問題である。女性への暴力は、直接的な暴力に加えて、構造的暴力も問題であり、貧困、経済格差、不平等、人権侵害、軍事化、環境破壊など、さまざまなものが、女性の生活と権利を侵害する。

しかし、女性は自分たちでも行動を起こしている。たとえば、インドのＳＥＷＡ（Self Employed Women's Association：女性自営業者協会）は、女性の零細自営業者が自分たちを守るために一九七二年に設立した組織であり、生産者のネットワーク、マーケティング、技術訓練、保障制度から、低所得女性への融資までおこなうようになった。また、ネパールのＷＡＣＮ（ネパール女性覚醒センター）は、女性差別をなくすために、政府への提言活動や農村女性の自立プロジェクトを実施している。香港のアジア移住労働者センターは、外国人家政婦など移住労働者の保護や権利のために活動をしている。

そしてＤＡＷＮ（Development Alternative with Women for a New Era：新時代の女性の開発オルタナティヴ(13)）は、一九八五年の第三回世界女性会議（ナイロビ）で、本会議と並行してＮＧＯフォーラムを主催し、九二年の環境サミット、九五年の社会開発サミットなどで、開発途上国の女性のために国際的なネットワークを進めている。

こうしたNGOの行動は、女性たち自身の手でネットワークを進め、多くのものを生んでいる。ジェンダー格差が生まれたり、開発において女性が疎外されたりするのは、政治における女性の参加や発言力の弱さも背景となっている。選挙や政治活動への参加、国会における女性議員の数など、開発途上国にとっては課題となることも多い。

世界で国会に占める女性議員の割合はわずか一四パーセントであり、先進工業国でも開発途上国でもほとんど変わりがない。アラブ諸国の多くは女性議員がゼロである。大半の先進工業国でも一〇－二〇パーセントであるが、アルゼンチン、モザンビーク、南アフリカは約三〇パーセントに上り、北欧諸国並みである。これは議員割当制度を導入して、議会における女性議員の比率を法律や目標値をもって定めているからである。インドでは地方自治の末端組織であるパンチャーヤト役員の三分の一を女性に留保する法律が制定されている。

しかし、割当制度は暫定的な改善措置であり、意識の向上、政治教育の拡充、世論の動員、女性の指名や選出を阻む手続き上の障害の除去といった取り組みをおこない、実質的に政治において女性の参加が進むことが大事である。そして議員における女性比率だけでなく、政策立案に対する女性の参加、ジェンダー平等の視点をいれた政策や法案の策定、決定などが肝心である。

また国際機関や各国政府が開発にジェンダーの視点を入れることの重要性を認識していることを前提として、ジェンダーの視点から見た公的予算の分析（ジェンダー対応型予算）も進められている。この公的予算がジェンダー平等に対応しているかを分析・評価する取り組みは一九九〇年代半ばにオーストラリアで活動家たちが政府に要求したことが先駆けであるが、いまは先進工業国、開発途上国、四〇カ国以上に広がっている。フィリピンや南アフリカ、メキシコはNGO、ウガンダでは議員がおこなっており、ブラジルは予算編成の段階から公的機関もNGOも関わってジェンダー関連の問題も含めて議論を進めている。国家レヴェルで取り組んでいる国が大部分だが、ウガンダのように伝統的、抑圧的な男女関係が強い一部の国では、地方レヴェルに重点を置いている（UNDP, 2002、邦訳、九六―九七頁）。

二〇〇三年三月に米国ニューヨークで開催された国連の女性の地位委員会でも、IT（情報技術）とジェンダーの問題といったテーマとともに、女性をめぐる暴力や平和の問題も議論された。女性をめぐる問題をさまざまな社会の女性たちで議論することは、宗教や文化、政治状況からむずかしい面も多いが、大事なことである。[14]

開発や暴力、平和の問題は、ジェンダーの視点なくして議論はできないのである。

（1）マリ、ガーナ、ブラジル、トーゴ、リベリア、ナイジェリア、スワジランド、ウガンダの一部など（Mies, 1986、邦訳、一八〇頁）。

（2）UNDP, 2002、邦訳、表一・三、三二頁。なお、妊産婦の死亡する割合はOECDの加盟国ではわずか四〇八五人に一人であり、サハラ以南アフリカの妊産婦死亡率の高さがわかる。

（3）岡真理「女性性器切除」、『岩波　女性学事典』二三〇頁。

（4）武力紛争下の女性に対する性暴力については、旧ユーゴスラビア、ルワンダ、アルジェリア、エルサルバドル、グアテマラ、ミャンマー、東ティモール、インドネシア、カンボジア、アフガニスタンなどのケースが挙げられるが、一九九八年国連人権委員会に提出されたマクドゥーガル報告では武力紛争下の性暴力を人道に対する罪とし、戦争犯罪として位置づけている。また九八年の国際刑事裁判所規定では、強姦、性奴隷制、強制売春、強制妊娠等の性暴力を戦争犯罪と人道に対する罪の類型に加えている。

(5) ヴェトナム戦争が大きな契機となったのは、タイやフィリピンが米軍と結んだ「R&R」(Rest & Recreation)協定である。ヴェトナム戦争の際に米軍兵士がバンコクやマニラで休暇を過ごし、受け入れ国はサービス業の強化を図り、セックス産業は大きく拡大した。R&Rについては、企業も同様の休暇を準備し、中東の石油産出国の外国人労働者の休暇先としてもバンコクは人気であった。タイにおける買売春業やR&Rについては、Truong (1990), Chapter 5 が詳しい。

(6) 九六年の「子どもの商業的性的搾取に反対する世界会議」(ストックホルム)では、日本は児童ポルノの製造・販売拠点のひとつで、買春者を送り出す加害国と激しく非難され、九九年に政府は児童買春・児童ポルノ処罰法を施行して、規制を強化した。欧米や日本の国々は国外犯処罰法(域外的管轄法)によって、外国で子どもに性犯罪を犯した自国民を自国で逮捕し裁くことができる。ここ数年でも、東南アジアで子どもを買って強姦・軟禁した日本人旅行者が現地で逮捕されたり、子どもを雇ってポルノ制作をおこなった業者が日本で逮捕されたりしている。国外犯処罰法(域外的管轄法)については、Seabrook (2000) が詳しい。

(7) タイ保健省の調査では、調査対象のセックス・ワーカー六・五万人のうち外国人が一六パーセントを占め、その九割がミャンマー人だった(Lim ed., 1998、邦訳、八頁)。

(8) アジアの女性移住労働者については、吉村(二〇〇三)を参照されたい。

(9) Nedra Weerakoon, 1998, Table A, p.100. スリランカ人の出稼ぎ先(一九九八年)はサウジアラビア三五パーセント、クエート二五パーセント、アラブ首長国連邦一四パーセント、レバノン六パーセント、カタール六パーセントとなっており、圧倒的に中東に集中している(Nedra Weerakoon, 1998, Table C, p.104)。

(10) フィリピンの失業率は一一パーセント、潜在失業も含め二〇パーセント強である(二〇〇一年)(Inter-Agency Committee on Tourism and Overseas Employment Statistics (CFO. DFA, POEA, PECs and OWWA))のデータによる。

(11) フィリピン海外雇用庁(Philippine Overseas Employment Agency: POEA)のデータによる。

(12) 介護については、女性は介護の担い手としても、平均余命が長いために介護される側としても二重に関わってくる。開発途上国でも高齢化が議論されている。政府は、開発戦略で労働力確保のために女性の社会進出を奨励しながら、高齢化対策に女性の役割に改めて期待する動きも出ている。親の扶養を義務付ける、シンガポールの「両親擁護法」や中国の「老年人権益保障法」も九六年に施行され、伝統的な家父長制や「アジア的価値」とアジア社会の変化の併存というアジアの現在を象徴している。シンガポールの「両親擁護法」と中国の「老年人権益保障法」については、田村・篠崎編著（一九九九）で論じられている。

(13) DAWNの戦略については、Sen and Grown (1987) を参照されたい。

(14) たとえば宗教に関連しては、尊厳死や、女性の権利とイスラーム法（四人まで妻を持てることや相続法など）をどう議論するか、といった問題があり、国連の女性の地位委員会でも全会一致での合意や義務付けは難しいとのコメントも出ている。またパレスティナの女性や子どもについて訴える意見に、イスラエルから自爆テロの指摘が出るなど、政治的な問題は論争になることも多い（NGOの議論に出席した小出啓子による）。

第7章

ジェンダーの境界域——ポリネシア社会の男の女性《マン・ウーマン》

ジェンダーは、そこから多種多様な行為が導き出される安定したアイデンティティや行為体の場所として解釈すべきではない。むしろジェンダーは、ひそかに時をつうじて構築され、様式的な反復行為によって外的空間に設定されるアイデンティティなのである。

(ジュディス・バトラー『ジェンダー・トラブル』)

山本真鳥

二〇〇〇年一〇-一一月にヌーメアで開催された太平洋芸術祭に出場したアメリカ領サモア代表団のダンシング・グループは総勢四〇人の比較的こぢんまりした集団だった。しかし、熱心な練習の成果もあり振付けも気が利いていて、演目はなかなか充実していた。そのグループのバンドで、太鼓とヴォーカルを担当していて、背が高く大柄で人目をひく「女性」がいた。その名はクリスティナ・ヴィリアム(1)という。振付師(カリオグラファー)のクリスティナは、グループのリーダーとして、振付けだけでなくレパートリーの編成やダンサーの人選などもおこなったらしい。

アメリカ領サモア代表団を率いる文化評議会のレアラー女史とグループのことを話していて、クリスティナに話が及ぶと、ククッと含み笑いをして「そう『彼女』。あの人は『女』といった。「ダンスの編成はあの人の担当よ」と実力を認めながらも、「想像を絶するところがあるわ。あの人たちは二つの人生を生きるのよ。初めは男として、それから女としてね」といった。

くるぶしまでの巻きスカートに腰を覆うトップという比較的線の見えにくいサモアの民族衣装に体を包んでいるクリスティナは、ちょっと厚化粧なこと以外あまり気にならない。グループのメンバーの誰よりも背が高く、バンドでもひときわ目をひく存在ではあるが、サモアの慣習を知らなければ、たぶん人は見過ごしてしまっただろう。

クリスティナはサモアではファアファフィネというカテゴリーに属する。ファアフィネは「女性」であり、ファアは「〜のような」「〜のやり方」という意味であるから、「女性のような」人々である。「女もどき」（一盛、一九八三、一二〇頁）というのはなかなか名訳であるが、日本語の「おかま」に感じは近いだろう。ファアファフィネは、必ず女装をしているとは限らないが、女性の仕事を好み、女装していなくても立ち居振るまいが女性っぽい。男性と性愛をおこなう場合もあるが、性愛にあまり興味をもたないファアファフィネもいる。英語流にいうならば、ホモセクシュアルというよりは、トランスジェンダーなのである。

この章の主題は、このサモア（ポリネシア）の男の女性《マン・ウーマン》である。彼（女）らのジェンダーと性行動を比較検討することによって、同性愛とは異なるトランスジェンダーの存在様式を明らかにしよう。そしてそれは、ジェンダーというもののもつ虚構的性格を明らかにするはずである。

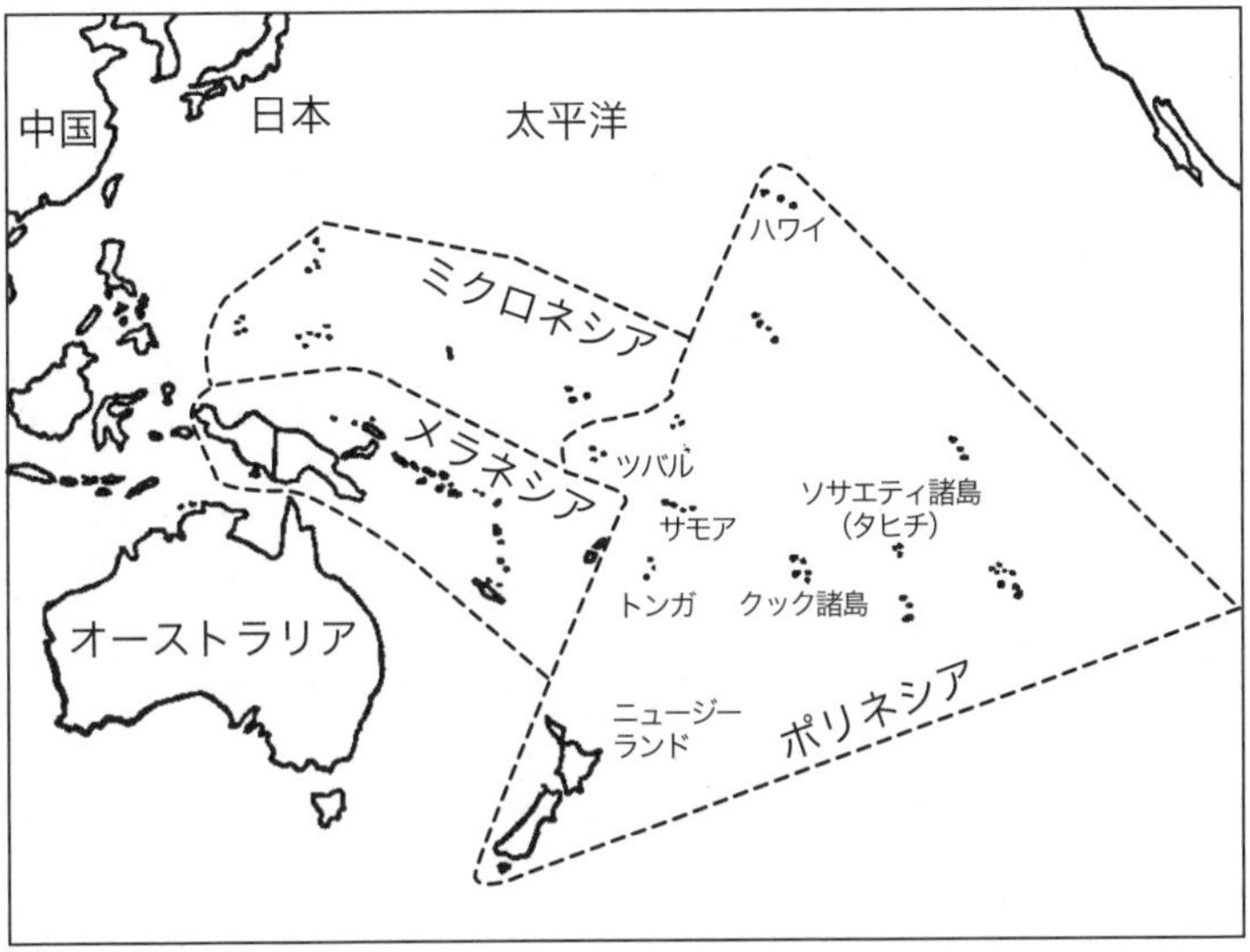

サモア諸島は、ハワイとニュージーランドを結ぶ線上のニュージーランドから約三分の一の地点に存在するポリネシア人の社会である。植民地化の過程で前世紀の始まる頃に東西に分割され、西半分はドイツ領、ニュージーランド国連委任統治領・信託統治領を経て、現在は独立国（一九九八年に国名を西サモアからサモアに改称）。人口一七万四〇〇〇人（二〇〇一年推計）。東半分は、アメリカの非統合海外領土となり今日に至っている。人口五万七〇〇〇人（二〇〇〇年国勢調査）。第二次大戦が終了してすぐに海軍がハワイに撤退するまで、海軍基地が置かれていた。東西の間にはもともと文化的な障壁はないが、植民地化の過程で互いに隔てられた結果として次第に異なる変容を受けるようになってきている。とはいえ、言語は同じであるし、互いに現在も通婚や親戚づきあいの関係もある。社会組織に若干の相違はあっても、基本構造は共有している。アメリカ領サモアから

は合州国本土へ、西サモアからはニュージーランドへと移住者を多く輩出していて、その意味でのグローバル化は近年いちじるしい。

サモア人は大家族で住んでいることが多く、個別の核家族が生活単位となっているときも、敷地内の複数の建物に親族関係にある核家族が複数住んでいるなどして、親族一同の網の目の中で暮らしが営まれていることが多い。そうしたサモア人の暮らしは、ジェンダー間の分業と長幼の序によって律せられているといっても過言ではない。ポリネシア社会として、首長制は大きな影響力をもっており、首長称号の中にはきわめて格の高いものから無名のものまで、格の相違があるが、称号継承については先代との血縁関係で決まるというより、親族集団の中での話し合いが重要であり、能力によって格の高い称号を引き寄せることも十分に可能である。そうした意味で硬直した身分制社会ではない。

一　サモア社会のトランスジェンダー

ファアファフィネの暮らし

ファアファフィネと欧米のホモセクシュアルの相違をわかりやすく言うならば、ファアファフィネはホモセクシュアルのようにカミングアウトすることはない、ということだ。逆に言えば、ファアファフィネは、すでにファアファフィネとなった時点でカミングアウトしているのである。「カミングアウトしている」のは、サモアでファアファフィネが欧米のホモセクシュアルのような厳しい差別を受けていないからではない。ファアファフィネのファアファフィネたる所以は外面的な行動や装いであるからだ。

ファァファフィネであることを隠すことはできない。内面だけファァファフィネであるという存在はありえないのである。

クリスティナのように、化粧して女装し、女性的なしぐさを身につけている人は、ファァファフィネとしてもっともわかりやすい存在であるが、女装はそのメルクマールではない。カリフォルニアでサモア移民の調査をしていたとき教会で知り合って仲良くなったシオネは、結構太めの体軀を白ワイシャツとグレーのズボンという比較的地味な服装に包んでいた。シオネはさまざまな事務系の仕事をしており、最後に会った一九九四年には、小さな旅行会社の事務員をしていた。彼がファァファフィネではないか、と私が思ったのは、服装や仕事からではない。服装や仕事ではごく普通の男性と区別はつかない。彼の場合、そのやさしい話し方と女性特有というか、ファァファフィネ特有の身のこなしから、私はそう感じた。また、シオネはしばしば女性たちに混じり合っておしゃべりしたり、共に行動したりするのを好んでいた。ファァファフィネ特有の身のこなしというのは、ちょうど歌舞伎の女形のように、女性よりも女性らしさを強調したしぐさが中心となる。

一九九二年暮れにアメリカ領サモアでご厄介になった家の高校生ヨセファは、背が二メートル近くもあって、ひげのそり跡が青々と印象的な背の高い美男子だった。彼もシオネと同様、女性らしい服装とは無縁であるが、しなしなしたその身のこなしは明らかにファァファフィネ特有のものだった。彼は、家中の家事のほとんどを引き受けていて、その仕事ぶりからもまたファァファフィネであることが理解できた。母親もいるし、妹が二人もいるから、家事をする人が必要だったわけではない。しかし、学校から帰ると掃除や洗濯をしたり、料理をしたりというのが彼の日課だ。料理そのものは、特に日曜日や祭の日のために野外で焼け石の上に食材をならべてつくるウム（石蒸し料理）は、男性の仕事とされているが、彼の得意とするのは、日常的にコンロで煮たり炒めたりする料理で、これは現代サモアでは女性の仕事である。

高校の最終学年にいる彼は近々進路を決めなくてはならない。「何になりたい？」と尋ねると、ちょっとはにかんだように首をかしげて、「ボクって、人のお世話をするのが好きなのね。だから看護師になろうと思って……」といっていた。看護師というのは、サモアでは女性の仕事として大変評価の高いものである。現在でこそ女性にも高い学歴を身につけた職業が可能となったが、一昔前までは、学校の先生か看護師というのが女性の到達できる最高の仕事であったし、現在でもサモアの看護師は日本よりもずっと高い社会的地位を享受している。

生い立ちと自覚

人がどのようにしてファアファフィネになるのかは、実はよくわかっていない。

サモアではしばしば、男の子を女の子のように髪を長くして育てることがある。生まれたときから髪を切らずに、学校に上がるくらいまでそのままにしているのである。また、ジェンダー間の分業が固く守られている中で、兄弟姉妹の人数のバランスが崩れると困るので、女性の仕事をする要員として男の子を女性として育てるのが原因であるという議論がある。この二つを結びつけると、サモア人の親が、兄弟姉妹の人数のアンバランスを補うために、生まれた子どもを初めから選んでファアファフィネとし、ファアファフィネとして育てる、ということになる（Mageo, 1992, p.450; Pacific Islands Monthly, 1978, p.11／

一盛、一九八三、一二〇頁)(2)。

しかし、実際にそのようなことが起こっているかどうか、私はあやしいと疑っている。男の子の髪を切らずに育てた人のケースは何人か知っているが、いずれの子もファアファフィネにはならなかった。小学校に上がる頃に髪を切り、以後は普通の男の子になってしまった。もっともそれまでも髪が長いだけで他の男の子と遊び方などが違うわけではなかった。ある村を訪問する著者に同行した、事情を知らない日本人も、男の子に混じって高いところから飛び降りる遊びをしている長い髪を三つ編みに縛った子どもを見て、男の子であることを容易に見抜いていた。しかもさらに、いずれのケースも親がファアファフィネになることを期待しているようには見えなかった。単に、小さい子の髪が美しいので切らずにそのまま育てた、とそうした子の親の一人はいっていた。

また、男の子の長髪は、隣のクック諸島などでは慣習化されており、大人になる儀礼として断髪式をする。しかしながらそれは、クック諸島のトランスジェンダーとはまったく結びついていないのである。

さらに、兄弟姉妹間の人数のアンバランスがファアファフィネを生むという議論も怪しい。というのは、私が知っている男女比の異なる家族のいずれもでファアファフィネは生じていないのである。そのような家族に生まれた男の子は、「母が大変だということはよくわかっていたから、アイロンかけも自分でするようにしていたし、洗濯もしたよ。結構女性の仕事もよくできるよ」といっていた。また、先に述べたヨセファの場合は、まさにその逆である。兄二人、妹二人の兄弟姉妹なので、とりわけ女手がこれ以上必要というわけではない。また、家庭の条件として、家事労働に困る家ではないので、なぜヨセファが家事をしなくてはならないか、というのは理解できない。単に彼がしたくてしている以上のことではないと思われるのである。

仕事と暮らし

一盛はファアファフィネがさしたる差別も受けていないことに着目する。日本で相当するのは「おかま」と呼ばれる人々であるが、この人々が受ける差別に比べると、ファアファフィネの差別はたいしたことはないと一盛は考える。一盛は、彼女のいた保健省のフィラリア研究室で働いていた少年たちの間で、ひとりいたファアファフィネが嘲笑の的となったり、ちょっとした意地悪をされたりしたケースを観察しているが、一般的にファアファフィネにも普通の市民生活が保障されていると考えている。

サモアにおいて、最近では都市部に住むファアファフィネの場合、ショービジネスの世界やウェイター(3)(ウェイトレス?)や店員のような接客業に就く人たちも多い。「シンディ・オヴ・サモア」は、シンディと名乗るファアファフィネを主催者とする、ファアファフィネのショーである。私が見た一九九九年九月には、夕刻にとあるバーの中庭でおこなわれていた。すでに何年もこのショーは続いてきたという話を在サモアの日本人から聞いた。(4)たくましい男性たちとたおやかなファアファフィネたちがそれぞれにグループを作って交互に出演し、その間にシンディのソロダンスなどをいれながら、出し物をこなしていく。最初はジャズダンス風の群舞で、オフ・ブロードウェイの舞台をまねたようでもあるが、最後はワイキキのポリネシアン・ダンスのようになる。男性のファアタウパチ(体をたたきながら踊る勇壮なダンス。体をたたく様からの連想でモスキート・ダンスとも呼ばれる)や、たいまつをバトンのように振り回して曲芸的に踊るファイア・ダンスなどがサモアン・ダンスの出し物の中では好まれるようだが、女性のダンスの場合、どちらかというとおとなしいタイプの女性のサモアン・ダンスよりは、華麗でセクシーなタヒチアン・ダンスが好まれる。これは、ホテルのフロア・ショーでもよく見かける。ファアファフィネたちは、ヤシ殻を半分に割って作ったブラを形ばかりつけて腰みのの悩殺ポーズ(?)で登場する。後半に入ってから友情出演で出た女性ひとりを除いて、本物の女性はまったく舞台に上がらなかった。出演する男性たちが、筋肉質の肉体を誇示しマッチョな動作を組み合わせるダンスを踊るのに対し、ファアファフィネは筋肉のない上腕から肩あたりをむき出しにし、あくまでも柔らかなダンスを踊る。おそらくそれは、演出上のテクニックなのであろう。(5)

しかし一般的にいってサモアの他のショーと同じく、個別のダンサーがそれだけで自活できるほどの収入が得られることはおそらくあるまい。観光客相手のホテルのフロア・ショーの場合、一部を除き出演者はホテルのウェイターやウェイトレスである。また、観光局が組織している直属のダンシング・グループ(正式名はTourism Entertaining Group)の場合、出演ごとに手当を支払っているが、それで生活をたてているわけではないだろうというのが、観光局の役人の話である。筆者が見たシンディのショーには、同じ日の昼間にある家を訪ねた折に偶然出会ったファアファフィネが出演していたので、驚いた。そのファアファフィネは、その家の広い居間にまるでお嬢さんといったふうで揺り椅子に座って雑誌を読みながら、昼下がりに年長の女性たちがおしゃべりをする傍らでおとなしく耳をそばだてていた。女性たちはやがて、私のためにお茶を入れるようにその人に頼んだのだった。「お願いね」といわれてゆったりと椅子から立ち上がって台所に立ったその人は、再び優雅なしぐさでトレイにお茶の用意をして戻ってきた。後でその人の姿を思い浮かべ、大家族の中で暮らして適当に女性の仕事などし、夜にはショーに出てちょっと小遣いを稼ぐ、といった具合なのだろうと想像した。

その他にわりと好まれるのは、服飾関係の仕事(倉光、二〇〇二)(6)だが、それ以外に先生も比較的めだつ職種である。これは統計にあらわれる数字ではないが、筆者の知人二人までがファアファフィネの先生は結構多いと教えてくれた(7)。そのうちのひとりは、「ファアファフィネは自分が普通と違って苦労した経験があるから、何か少しでも普通でない子を上手に扱うことができるのよ。ファアファフィネはけっこうよい先生であることが多いと思うわ」と述べた。たぶんその代表格は、アメリカ領サモアの教育省で一九九二年に筆者がインタヴューした、バイリンガル・プログラム担当の役人であろう。長年教師をしたあと、アメリカ領サモアの子どもたちには重要であるとの結論に至り、バイリンガル・プログラムを推進しているという。この人はまた、アメリカ領サモアのダンシング・グループを率いて西サモアを親善訪問したことがあるが、筆者もそれを見に行った覚えがある。公演のトリとしておこなわれるタウアルガというダンスを主役として優美に踊るのは名誉ある役回りだが、これを果たして後、お礼の演説もおこなった。中年の恰幅のよいオバサン、というふうに思っていたら、誰かにファアファフィネであると教えてもらって驚いたことであった。

サモアでもファアファフィネに対する差別がまったくないというわけではない。しかし、ファアファフィネは普通の市民生活の中で、家族であったり、隣人であったり、同僚だったりする存在だ。ファアファフィネ同士が親しくつきあうということはあるが、ファアファフィネだけで閉鎖的に暮らしているということはない。ちょっと変わった存在かもしれないが、普通に市民生活を送っているのだ。

二　サモア社会のジェンダー

男性の役割・女性の役割

ファファフィネの存在について考えるとき、サモア社会の中で、男女がどのような関係にあるのか検討しておくことは重要だ。伝統的社会の多くがそうであるように、サモアでは男女の役割分担は重要な区分となっている。

サモア人に尋ねると、「きつくて汚れる仕事は男の仕事、きれいで軽い仕事は女の仕事」という。おおむね女性は家の中の仕事をすることになっていて、男性は家の外が主な仕事場であるという。これは、サモア人の思考に沿った概念化であり、現実とは必ずしも一致しない。食料生産活動は、外の仕事であるから、いつも男性しかしないかというとそうとは限らない。たとえばプランテーションでの食料生産についてみてみると、女性も従事しないわけではない。しかし、焼畑の火入れや植え付けなどの力仕事は男性が、草取りなどの軽度の作業は女性がおこなう。薪や落ちているヤシの実などを拾うのは女性もするが、ヤシの木に登って実を落とすのは男性しかしない。漁業を見てみると、船を操って魚をとるのは男性であるが、女性も浜辺で貝やウニ、ナマコなどを採取する。

料理についても、サモアの伝統的な料理の仕方は、ウム（石蒸し料理）であるが、これは男性の役割とされている。とりわけ、イモなどを剝くと肌がかゆくなるし、重労働で汚くもなるので、少年や若者、入り婿など立場の弱い男性の仕事とされている。その一方で、近年使われるようになってきたコンロを使って室内で手ナベで料理するのは、女性の仕事である。安息日のために土曜日にウムを作りハレの日の食物を作るのは男性の仕事であり、日常的なお総菜をつくるのは女性となっている。

男性が普通あまり手をつけない仕事は、衣類の管理であろう。裁縫、洗濯、アイロンかけなどは、とりわけ現代のサモア女性のたしなみに類する仕事である。もっとも、ミシンを使っての裁縫はすべての女性ができるわけではない。これらのいずれも、西欧と接触する以前のサモア社会には存在していなかったが、西欧との接触以前も衣類の管理は女性の仕事とみなされていたので、接触後に入ってきたときも女性の仕事としてすんなり割りふられたと見受けられる。洗濯やアイロンかけは、熱帯での暮らしでは毎日必要である。電気のない時代も、ヤシ殻で作った炭を用いたコテのようなアイロンが使われていた。

西欧との接触以前に衣料として用いられていたのは、樹皮布であるが、これを作るのはいずれのポリネシア社会でも女性の仕事とされている。サモアでは現在それほど生産されていないが、南隣のトンガでは今日でもさかんに作られており、女性の重要な仕事となっている。かつてよりサモアで女性の仕事とされていて、今日でも重要なのは、細編みゴザを編む仕事である。これは、パンダナス（タコの木）の葉を陽に干して乾燥させ、細かく裂いて内側の葉肉部分をこそげ取った細い繊維を使って、斜め平織りの布状のものを編んで作る。機械などまったく使わず、ひたすら指先を動かして作るのである。現在作られている粗雑なものは一―二週間でできるというが、かつては数カ月から一年ほどもかけて作られる労働力の結晶のような代物だった。このしなやかな編物は、高位の人が儀礼でまとうことはあるものの、その機会はごく限られており、貴重な財として、贈り物交換にもっぱら用いられる（山本・山本、一九九六）。

いずれにしても、男女の仕事が明確に区分されており、まちがえようがない。大家族の家長とその妻は、男女それぞれの労働力を束ね、それぞれに管理して全体がうまくいくようにとりはからっていた。

そのようなジェンダー間の相違は、伝統的社会の常として、単なる役割分担ではなく、行動様式の違いをともなう生活全般の営みであった。たとえば、ものを担ぐときも、男性は棒を天秤棒のようにしてその両端にヤシの葉で編んだかごをつるし、その中に芋や薪などをいれて運ぶ。これをおこなうことをアモ（動詞）という。一方、現在ではあまり見ないが、女性は、背負いかごのようなものを用いて背中に担ぐやり方をする。これをファファガ（動詞）という。女性はかつて、中をくりぬいた大きなヤシの実に水を入れ、栓をして水場から家までファファガして持ち帰るのを日課としていた。

男女の隔離

サモアではいわゆるインセスト・タブーの範囲が広い。アイガという親族集団は、特定の村に耕地・宅地を持ち、それらを管理しつつ在住の人々のリーダーシップをとる首長称号名をもつ集団である。その村にある親族集団の財を享受して暮らすメンバーの他に、その親族集団に潜在的権利を有しながらよその親族集団（よその村であることが多い）に暮らすメンバーも大勢いる。認識できる限りそれらの男女の間では、とりわけ同世代者の場合兄弟姉妹であるとの認識に立ち、結婚もセックスも禁じられている。またそればかりでなく、そうした親族集団の間で、過去に婚姻関係の結ばれたことのある親族集団のメンバー同士は、半ば擬制的な兄弟姉妹であるとの認識に立ち、これらのメンバーの間でも結婚やセックスが原則として禁じられている。さらにそうした男女の間には、兄弟姉妹間の忌避関係(8)があり、親しくすることが禁じられている。兄弟と姉妹とは食事も寝所も異なり、無駄口はあまりきかない。冗談をいって笑い合うなどもっての外である。

一方で、結婚可能な未婚の男女が、むやみに同席することもこれまた禁じられている。女性の処女性は親族集団の名誉に関わるものとされていて、娘たちの行動は親族集団、とりわけ父親や男兄弟たちにより厳しく監視されているのである。もしも見知らぬ男性と話したり、一緒にいるところを見られたら、相手の男性が袋だたきに会うばかりか、娘も厳しく叱られる。かつては身分の高い男女の結婚式には、処女性を確かめる儀礼がおこなわれ、そこで処女でないことが発見されたときには、親族集団に不名誉をもたらした者として汚名を着せられ、半殺しの目に遭うこともあった（ミード、一九七六［原著一九二六］九七頁／フリーマン、一九九五［原著一九八三］）。

このようにして、兄弟姉妹間では忌避関係が、また潜在的に婚姻が可能な男女間には、親密さの禁止があるために、いずれにしても男女は、異なる役割を担いつつ、ほとんど別々にグループを作って生活を営んでいるのである。村内の社会組織も同様である。首長会議に対しては、首長の妻たちの会議があり、若者組に対しては娘組というふうに、対となる別々の組織によってそれぞれが別々に行動するようになっている。

境界の越境者としてのファアファフィネ

そのようにジェンダーによって仕切られた生活空間を、ファアファフィネは乗り越えていくことができる。

まず第一に、ファアファフィネは、女性に割り振られている役割分担をこなすのを得意としている。現代のファアファフィネの多くは都市に住んで職業に従事する傾向にあるが、かつて村にいたファアファフィネは、そうした女性の仕事を得意としていた。五〇歳代の女性インフォーマントは、ファアファフィネが女性の仕事をとても得意（ポト・テレ）としていたと述べている。「洗濯も上手だし、アイロンかけもうまい。ゴザ編みもよかったよ。女の人顔負けだった」。現代のファアファフィネについても、細編みゴザこそ編むという話は聞かないが、アイロンかけをしたりなど、女性の仕事を引き受けている。ファアファフィネは、身体によって割り振られた役割ではないものを選び取って自分の役割としている人々なのである。

そしてまた第二に、ファアファフィネが、通常ならば接することの難しい娘たちに混じっていても、人々はそれをとがめることはない。ファアファフィネは「女性」として、女性の仲間とともに過ごすことを好むし、華やかな娘たちと談笑し、楽しそうに冗談を言い合っていても、それを止めさせようとする人はいない。ファアファフィネの友だちは、娘たちであるが、それを通常の男性であれば心配するはずの親兄弟が妨害するわけではない。マゲオは、娘が口にすることができない気持ちを小声でささやくとファアファフィネが大声でそれについての冗談をいうといった具合に、恋の仲立ちの役目も果たすと報告している（Mageo, 1996, p.225）。この点についてはクック諸島の「女写し」（「男の女性」に相当）の研究をする棚橋の記述が参考になる。「男女間に起きる不平不満をそれとなく相手方に伝達したり、恋の橋渡しをしたりするのは、「女写し」の大事な役回りである」（一九九九、四九頁）と彼は述べている。

ファアファフィネは、このようにして、サモア社会の中でジェンダーによって仕切られた境界を簡単に乗り越えていく。

三　男の女性と女の男性

ここで、サモア社会を離れて、似た現象に目を向けてみよう。

ベルダッシュ

男の女性《マン・ウーマン》とは、プエブロ系スニ族の歴史的に著名なベルダッシュであったウェワを中心にベルダッシュの社会史を書いたロスコーの用いた用語である。ベルダッシュはアメリカ先住民の生活を観察した白人たちがつけた呼び名であるが、ペルシャに同様の慣習が存在したところからその呼び名をとったといわれている。ベルダッシュは、性別は男性でありながら、女装し女性の身振りやしぐさ、そして女性の仕事をおこなう人々、あるいはその逆に、性別は女性でありながら、男性として振る舞う人々のことである。

ウェワは、合州国が平和裡に先住民社会との間に条約を結んで、国家内国家の制度をつくった頃（一八八六年）にスニ族の文化大使として派遣され、首都ワシントンにしばらく滞在した。完璧に女装したウェワが儀礼を演じたり、機織りをしている当時の姿が写真に残されている。『ワシントン・ポスト』によれば、「スニ族のプリンセス、ウェワは、スティーブンソン女史に伴われ昨日ホワイトハウスの表玄関に登場し、緑の間に通された。民族衣装に身を包み羽の髪飾りをつけていた。彼女と大統領との会話はもっぱら片言であったが、スティーブンソン女史と大統領はきわめて興味深い会話を交わした」(Roscoe, 1991, p.70)とある。ウェワは一八〇センチほどの身長であったにもかかわらず、白人たちは女性であることを疑わなかった。それほど、ウェワの立ち居振る舞いは女性的であった。

ウェワはスニ族の間で成功したベルダッシュが敬われていた幸福な時代に生きた。アメリカ先住民の間にしばしば見られるこれらトランスジェンダーの人々は、もちろん社会の中ではマイノリティであったが、虐げられることはなかった。ベルダッシュは主として子ども自身の仕事の好みによって選択され、親たちは子どもの選択を尊重した。大家族のネットワークの中で暮らしているので、配偶者がいなくて生活に困ることもなかった。アメリカ先住民の同化政策や教育に携わる白人たちは、彼らを「半陰陽」とか「同性愛者」と呼んで、卑んだり、矯正しようとした。ウェワの後のベルダッシュたちは、彼らによって虐げられる結果となっている。

ロスコーは、一九世紀から二〇世紀半ばにかけて、白人は同性愛者というカテゴリーでしかこの現象を捉えていなかったが、ベルダッシュはもっぱら役割選択として存在していて、性愛の指向によるものではなかったと述べている。ベルダッシュは、性別は男性であるが女性の役割を果たすものとして、儀礼の中でも両性具有的な役割(通常の男性も女性もできない役割)を担っていたとロスコーはとらえている。(9) ベルダッシュはキヴァ(地下の集会室)を中心としたカチナ結社にも参加し、カチナ儀礼(10)では、男性と女性の両方のシンボルを半分ずつ身につけ、固有の役割を果たしていた。

狩猟と初期栽培によって生活するこの社会にあって、女性の仕事はけっして見下されるようなものではなかった。また、母系制を営むスニ社会では、兄弟にとって姉妹の子どもは大きな関心の対象である。

自分に子どもがなくても大家族のネットワークの中で暮らし、若い人々に接することもできた。結婚して子どもを生むということは、すべての人々の選択ではなかったのである。

バルカンの独身を誓った処女

ロスコーは、女性のベルダッシュについても言及している。初期のアメリカ先住民を観察した記録の中にも同様の記述はすでに認められる。しかし、記録が少ない上に、同じように許容されていたかどうかについて研究者の間にも異論があるようだ。西欧人の記録者一般が男性ベルダッシュに嫌悪感をもったのに対し、女性ベルダッシュが男性ベルダッシュに対しては多分にロマンティックなイメージが支配的だった。ロスコーは、女性ベルダッシュは男性ベルダッシュの鏡像のような存在ではなかっただろうと述べている。女性ベルダッシュは慣習として男装していたわけではない。

一方、一九世紀から今世紀はじめ頃のバルカン半島西部には、独身を誓って男性の役割を果たす処女が存在していた（Grémaux, 1994）。グレモーの報告によると、これらの女性が「男性」となったのは、男兄弟がいなかったためであるという。親がそのように育てることもあれば、みずから志願して「男性」としての暮らしを選択することもある。服装をはじめとして、つき合いや嗜好品もきわめて男性的で、女性であると人にいわれようものなら、そんな侮辱には耐えられないと銃を発射しかねないほどにマッチョな「男性」もいれば、一方で、単に男性の仕事をしているだけだといいつつ、女性の一人称代名詞を用いて女性であることを隠さない者まで多様である。

厳しい家父長制の存在していたこの地方では、男性の家系継承者がいないと土地財産が失われる場合があり、またそうでなくとも、世帯に男手がなければ生活を営むこと自体も難しかった。こうした誓いを立てた処女は兵士となって戦闘に参加することもあり、敵に捕まってから性別が発覚することもあったという。

これらの「男性」たちは独身を守っていた。もしも男性と結婚（ないしは性行為の発覚や妊娠など）することがあれば、「男性」としての地位は失われた。少数であるがそうした例がないわけではない。女性とのセックスをおこなっていたことがないわけではないが、ごく少数でしかない。ほとんどは禁欲生活で、親族とともに暮らし、男性としての役割を担っていたと考えられる。

グレモーは、社会がこうした女性の行動を許容した理由を、処女が「女性」のカテゴリーの外にあったことに求めている。処女は、いまだ「女性」となる前の可塑的な状態なので、独身を誓い、男性の役割を果たして暮らす存在となることに違和感がなかったのであろう。

ベルダッシュにしても独身処女にしても、男性と女性のジェンダーによるしきりの高い社会（伝統的社会のほとんどはそうである）において、その壁を越える試みであるといってよい。ジェンダーは単なる仕事や役割分担の仕分けではなく、服装、動作やしぐさ、つきあい、嗜好などといった生活の営みすべてをひっくるめた「文化」とまでいってもよいものとなっている。生活の営みの中でのジェンダーの領分というにふさわしいものであり、これを乗り越えるためには、越境が必要であり、越境するためにはすべての営みを変更する必要があったのであろう。グレモーのインタヴューからは、これらの人々自身の選び取った選択に対する自負がうかがわれる。これら女性たちも、トランスジェンダーであるといってよいだろう。

ファアファフィネを文化史的にとらえてみると、さらに奥深いものがある。台湾から南のマレー半島を含む東南アジア島嶼部から東は太平洋諸島、西はマダガスカル島に及ぶ広い領域をカバーしているオーストロネシア語族の最東部に、ポリネシアは位置する。オーストロネシア語族自体が、六千年ほどの間に急速に大きな拡散を遂げたことで知られているが、その人口移動の最後の波がポリネシア人の形成である。ほぼ三千年ほど前に、サモアないしはトンガに到達したオーストロネシア人たちが、千年ほどを経てからソサエティないしはマルケサス諸島あたりに移動を始め、そこからさらに四方に拡散していった。この一連の人口移動で形成されたのがポリネシアである。無住の地に短い間に拡散したために、ポリネシア諸文化は、文化的に共有するものが多く、言語も方言レベルの相違しかなく、同根であることがきわめて容易に理解できるのである。

ファアファフィネのような男の女性は、ポリネシアの他の地域にも認めることができる。タヒチやハワイではマフー、トンガではファカレイチー（レイチーは英語の lady の転訛したものであり、ファカはサモア語のファアに相当する）またはファカファファフィネ（ファフィネは女性の意。複数型。単数はファカフェフィネ）、クック諸島ではツツヴァイネ（アカヴァイネ、またはもっと口語的なラエラエ）、ツバルではピナピナアイネ、と呼ばれる（Besnier, 1994, p.289; Alexeyef, 2000, p.298／棚橋、一九九九、四五頁）。古くはポリネシアを訪れた航海者たちの日誌に、マフーに関する記述を散見することができる。一八世紀末にタヒチを訪れたモーティマーは、仲間のイギリス人が美しいダンサーに興味を示して誘おうとしたが、ダンスを終えて衣装を脱ぎ捨てると、少年であったことがわかり、タヒチ人たちにやんやの喝采を浴びたと書き記している（Mortimer, 1975 [1791], p.47）。西ポリネシアに関して、古い文献にトランスジェンダーの明確な記述が見られないのは奇妙なことであるが、ポリネシアの他の地域ときわめて似た現象が起きていることから、これらが文化史的な共通項をもつことがうかがえる。

研究者としてこの問題に最初に注目したのは、レヴィ（Levy, 1973）である。彼は村落に暮らすタヒチ人たちの生活様式や思考様式をテーマとした心理人類学的研究の中で、かなりのスペースをマフーに使っている。レヴィによれば、マフーは、幼い子どもの面倒を見たり、衣類を縫ったり、アイロンをかけたりの仕事を好み、女性とともに過ごすのが好きであるという。西欧人の先入観とは異なり、多くのマフーは同性愛者ではない。同性愛をすることがあっても、恒常的ではないし、年若い少年との冒険的な一時的な関係が普通である。また、バイセクシュアルのマフーもいるし、子どもがいるときもあるが、いずれも長続きする関係ではない。レヴィの時代、マフーは各村に一人しかおらず、そのマフーが去っていったり死亡したとき、他の者がマフーになったという。マフー的ななよなよした女性的な行動をする青年たちはおり、マフーみたいとか、マフーっぽいとかいわれてはいたが、マフーと呼ばれるのはただ一人であった。すなわち、マフーの存在は、生物学的理由によるものではなく、もっぱら社会学的な要因によるものなのである。

ポリネシアでは、男の女性に対して女の男性はいないのだろうか。ベスニアがトンガとサモアに関して「境界域の女性は境界域の男性に対して、数もいちじるしく少ないしめだたない」（Besnier, 1994, p.288）とその非対称性に言及している。サモアでは、ファアタマ（タマは「男の子」で、ファアタマは男の子らしい、の意。サモア人は英語でtomboy（お転婆）ということもある）[11]と呼ぶ。村落地域で会ったファアタマは普通のおばさんの印象であった。特に男性の服装をしていたわけではない。アメリカ西海岸で会った二人のファアタマのうち一人のテレサは、みずからファアタマであると名乗ったわけでもないし、他人がそのように教えてくれたわけではなかったが、男っぽい身振りやドスドスと体を揺する歩き方からいかにもそういう印象を受けた。テレサは、居住地域ではじめて電気工事の免許をとった女性であることを誇らしげに述べ、腰にドライバーやペンチなどを提げて作業したり電信柱に登ったりすると語った。身振り手振りもちょうどファアファフィネとは対極的であった。アメリカで出会った二人は、いずれも独身だった。

四　ジェンダーの境界とトランスジェンダー

男の女性の性生活

男の女性の性愛について、しばしば男性間の性愛という意味で同性愛という語が使われるが、マフーの自己アイデンティティが女性であるならば、当事者の間では同性愛という言葉はふさわしくない。トンガのファカレイチーの研究をしたベスニアによれば、ファカレイチーたちの自己アイデンティティは女性であり、ファカレイチーの相手は通常の男性である。ファカレイチー同士が性愛をおこなうということはない。ファカレイチー同士は「女同士」だから、「そんなことは起こらない」。しかし、ファカレイチーが性転換手術を受けていることはほとんどないので、この性愛は結局部外者から見れば同性愛と同じ形をとることになる。レヴィによれば、タヒチのマフーはもっぱらフェラチオをおこなう（Levy,

1973, p.134）が、ベスニアはトンガ（やツバル）ではソドミーや股間交接をおこなうと述べている（Besnier, 1994, p.301）。しかし、実際にあまり詳細にわかっているわけではない[12]。ファカレイチーの相手となる男性たちにしてみると、ファカレイチーはフォキシ（尻軽女）の代わりである（Besnier, 1994, pp.302-303; 1997, pp.14-17）。相手の男性は同性愛をおこなっているつもりはなく、自分を同性愛者であると考えているわけでもない。性のダブルスタンダードがあり、男性には放縦さが美徳とされ、一方で結婚前の若い女性には処女であることを求める社会の二重のモラルが、ファカレイチーの性生活を可能にしている[13]。

しかし一方で、ジェイムズはファカレイチーが西欧の影響下で生じたもので、古い形のファカファフィネはセックスとはあまり縁がなかったはずであるとベスニアに反論している（James, 1994, pp.45-47）。ジェイムズは、レイチー（lady のトンガ語転訛）という外来語を含む「ファカレイチー」に先行するはずの「ファカファフィネ」の語は、田舎の方でよくもちいられると同時に、ファカレイチーを主に見いだす場は町であること、ファカレイチーがハイヒールや口紅、香水といったものに夢中なのに対して、ファカファフィネは普通の身なり（男性の服装であることも多い）をして、もっぱら女性の仕事に携わっていることなどを指摘する。田舎の人々の中にはファカレイチーとファカファフィネとを区別する人もいる。私はこの議論に関してはジェイムズの方に分があると考えるが、ベスニアにしても性生活を伴わないファカレイチーもいることを報告しているし、セクシュアリティよりもジェンダーが先行してファカレイチーが存在しているということは認めているのである。

レヴィはすでに彼の調査の中で、人々がマフーと男性との性愛を必ずしも結びつけていないことに注目している。マフーが恒常的に「同性愛生活」を営んでいるとは思わないタヒチ人が多い。マフーは一義的に女性の仕事をする男性だが同性愛をする人ではない、ということらしい。レヴィはまた、近年タヒチの都市部パペーテでは主に、ラエラエと呼ばれるカテゴリーの男性が増えていることに着目している。田舎の人々にとってはマフーもラエラエも同じようなものだが、パペーテの人々は区別している。マフーは女性の仕事をする男性だが、ラエラエは同性愛をおこなう男性である。ラエラエは女装はしていないし、女性の仕事をするわけではない。欧米の影響であろうと人々は考えている（Levy, 1973, p.140）。

サモアのファアファフィネの性生活について私は深くを知らないが、マゲオによれば、彼女以前にサモアのジェンダーやセクシュアリティを西サモアで研究したシェッフエルやショアのインタヴューに応じた非都市部のファアファフィネは、恋人はいないと述べたし、彼女が最初にアメリカ領サモアにきた一九八一年には、ファアファフィネが同性愛者ではないことをくどくど説明してくれる老人がいた。しかし、現在ではそのような話も聞かれないという（Mageo, 1992, pp.454-455）。しかし、サモア国でファアファフィネにインタヴュー調査をおこなったシュミットは、町で一人暮らしをする者と、主に村で家族の中で暮らす者やそれなりに確立した地位をもつ者との間には、性生活に大きな差があることを指摘する（Schmidt, 2001）。

トランスジェンダーと同性愛

実は、「男の女性」は欧米の同性愛者の間ではすでに有名な事実であり、出会いを求めてやってくる同性愛指向の旅行者は多い（Macfarlane, 1983）。ニュージーランドではマオリ人のドラッグ・クイーンが増加しているのだが、その他島嶼の大きなポートタウンである、パペーテ（タヒチ）、ヌクアロファ（トンガ）、アピア（サモア）などでは、トランスセクシュアルの売春が増加し、それがポリネシアの従来のトランスジェンダー文化を損なう結果となっているとマクファーレンは述べている。もちろん、それらの相手は白人の同性愛男性である。ポリネシアはその意味で、同性愛の男性にとって性のファンタジーに満ちた世界だ。

さらに、近年ファアファフィネがメディアに取り上げられるようになり、残念なことに筆者は見る機会をまだ得ていないが、有名なビデオ作品も存在している。『歪んだ楽園』（Heather Croall 作品、一九九九年）は、ファアファフィネの生活を描くドキュメンタリーであるが、その中心となっているのは、サモアに駐在するオーストラリア大使館勤務の男性と恋におちるファアファフィネのエピソードであるらしい。『ファアファフィネ——サモアのクイーンたち』は、サモアとオークランド（ニュージーランド）の両方でそれぞれの場所のファアファフィネの生態を描いているという。ファアファフィネの実態と欧米での描き方との落差を集中的に論じるシュミットは、これらの作品が、ファアファフィネをエキゾチックに描く結果、ファアファフィネをエロチックな存在として表象しているという。そして、視聴者にわかりやすい同性愛の文脈で説明したり、あるいはそこまでいかなくとも同性愛的な粉飾をまとわせることになると述べる（Schmidt, 2001）。シュミットの調査でも、またベスニアのトンガの調査でもファアファフィネやファカレイチーと通常男性の間のセックスは彼ら自身も現地の人々も同性愛と見なしていないし、セックスをおこなわないトランスジェンダーも多い。しかしながら、彼（女）ら自身もとりわけ海外コミュニティにおいて、まわりのそうした説明原理の内に取り込まれていく可能性がある。現に村から町へ、町から海外の都市へという、都市化の路線にともないめだつようになる売春は、その端的な証拠である。

ここでも、マクファーレンのいう、文化変化が生じている。その意味で、オメアラの「この行動のある部分は欧米の舞台での異性装者の誇張した女っぽい演技に非常に近いものがある。このステレオタイプの行動はサモア女性の日常的なそれというよりは、欧米の女性の行動に似ているのである」(O'Meara, 1990, p.71) という指摘は重要である。この点は、ジェイムズのいうトンガのファカレイチーとファカファフィネとの違いに共通する点がある。レイチー (lady) 的、という語が明らかに近年の派生であると同時に、それはトンガ女性的であるよりは、欧米女性をモデルとしており、ファカレイチーが口紅やハイヒールに夢中であるとしたら、サモアのファアファフィネに生じている変化と平行しているといえるかもしれない。

コメディとビューティ・コンテスト

サモアではしばしばファアファフィネは笑い（嘲笑）の対象となる。人々は面と向かってからかうこともあるし、突っつき合いながら笑いをかみ殺すこともある。*Pacific Islands Monthly* の記事には、「ファアファフィネと聞いただけで、ほとんどのサモア人はくすくす笑う」(1978) とある。

サモアの伝統芸能にファレアイツという掛け合い漫才のようなものがあるが、この主人公はファアファフィネであることが多い。ファアファフィネといっても本物のファアファフィネではなく、普通の男性が女性役を演じる。ぞんざいに女性用の大きなワンピースや金髪のかつらをまとい、ファアファフィネと同じように甲高い声を出し、女っぽさを強調するしなしなしたカリカチュア的な動作をする。主人公の一挙手一投足に観客は大笑いする。夫役を相方の男性が務める。

同様に笑いの対象となっているのは、アレクセイエフ（2000）の報告するクック諸島のドラッグ・ショーである。これはアイツタキ島のキア・オラナ・デイに、遠隔島嶼開発省が主催する催しである。ここに出場する人々の多くは普通の若者たちで、半分は男性ダンサーとしての役を担い、半分は女装して、女性ダンサーの役を担う。「女性ダンサー」をつとめる男性には、普通の男性もいるし、トランスジェンダーもいる。しかしここでおこなわれるダンスは、通常の女性の動作ではない。本物の女性は凛として上体を動かさず、膝をつけて踊らなくてはならない。腰はゆったりと揺らすが、卑猥になってはいけない。それに対して、この日の「女性ダンサー」たちは、膝をゆるめ、男性ダンサーと次第に距離を詰め、腰をリズムに合わせてぶつけ合いながら、性交の動作を真似て放縦に踊る。彼らの踊っている「汚いダンス」は、通常の女性がしてはならないものである。またそれゆえに「汚いダンス」は人々の笑いを呼ぶ。「女性ダンサー」たちは、女性をまねていながら、女性がするはずのないダンスを踊っている。

一方、こうしたポリネシアの男の女性たちのために、かなり以前から各地でビューティ・コンテストがおこなわれている。サモア国ではミス・ファアファファフィネ・コンテスト、トンガではミス・ギャラクシー・コンテストと呼ばれるコンテストがある。ベスニアはすでにミス・ギャラクシー・コンテストについて綿密に調査している（Besnier, 2002）が、彼は同じ頃におこなわれるミス・ヘイララ・コンテスト（通常のミス・コン）と比較し、その間に記号論理的な対立を見ている。

私は、一九九九年にサモアのミス・ファアファファフィネ・コンテストを見る機会があった。そこで大変興味深かったのは、たいそう美しく着飾って女性と見まがうばかりのファアファフィネがいて、人々はその美しさに感嘆を禁じえない、ということがあるその一方で、ファアファフィネの多くは、そこで笑いをとることに腐心しているということだった。美しい女性であるところを見せようとして失敗するコミカルなダンスを、はじめから計画しておこなう者もいるし、インタヴューで理想論をぶち、現実との落差に笑いを誘う手法をとる者もいる。また女性を演じるための苦労や失敗を、あまり下品にならない程度にさっとみせることもある。いずれにしても、笑いをとることは、ファアファフィネにとって重要なことらしい。

しかし考えてみればはじめから、ファアファフィネのコンテストは、ミス・サモア・コンテストの裏版パロディなのである。

男の女性に浴びせられる嘲笑を視野にいれつつ、レヴィはかつてマフーが少年たちにとっての反面教師の役割を果たしていると述べた（Levy, 1973, p.473）。あってはならない男性像、女々しく女の仕事しかできないマフーは、少年たちにとってなってはならない人を示し、青少年がなるべき反対の人格を示している、というのだ。サモアの世界観を描くなかで、男性の中の女性的側面、女性の中の男性的側面について論じているショアは、妻と姉妹の間に、男性対女性の対立を見る一方、夫と兄弟の間にはそのような対立がなく、むしろファアファフィネが男性らしさを際だたせる存在となっていると述べる（Shore, 1981, pp.208-210）。

一方で、ファアファフィネの研究をおこなったマゲオは、レヴィの考えに異論を述べる。ファアファフィネが反面教師なのは、少年に対してではなく年若い女性たちにたいしてであるという（Mageo,

1992, pp.454-455)。アイツタキ島のドラッグ・ショーを分析したアレクセイエフも同じ考えを述べる。女性のおこなうべきでない「汚れたダンス」を踊る「女性」ダンサーたちは、まさに、若い女性がしてはならないことを示していると彼女は考える(Alexeyef, 2000, p.304)。

しかしポリネシアの男の女性たちが、いずれのかたちにせよ反面教師としての役割を果たしているとしても、それが彼らの存在理由であるといってしまっては身も蓋もない。彼(女)らは彼(女)らなりにみずからの存在のありようとして、彼(女)らの生を選び取り、演技をおこなっているのだ。

むしろ彼(女)らの行為(演技)が伝えているものには、ニュートン(1972, p.103)流にいうならば、二重の相反する意味作用がある。「私の見かけは女だけれど、私の本質は男です」というサインと、「私は(どんなに頑張っても)男にしか見えないけれど、私はその存在の芯のところで女なのです」というサインである。この二重に齟齬をきたすアイロニカルな演技の伝達が、観客の笑いを呼ぶ。そのようなアイロニーが可能なのは、まさに彼(女)らが境界域にいるからである。

おわりに

ポリネシアのトランスジェンダーは男性との性愛と無関係ではないが、それが彼らのカテゴリーをしるしづけているわけではない。彼らはむしろ、女性にあてがわれている仕事をし、女性の身振りをし、女性の服装をして女性を演じることによって、不動の社会の規範であるかのように存在するジェンダーの壁をのり越えようとするのである。

ジェンダーをパフォーマティヴなものであるととらえるバトラーのジェンダー論は、人々に大きな衝撃をあたえた。ジェンダーは安定したアイデンティティではなく、様式をもった反復行為によって外に向かって表出したものである、とバトラーは考えている。

ジェンダーの効果は、身体の様式化をつうじて生産される。それゆえそれは、さまざまな種類の身振りや動作、スタイルがおりなす日常的な様式であり、それらにより安定した自分のジェンダーを錯覚するのであると考えなくてはならない。……もしも、ジェンダー・アイデンティティの基盤が時間をつうじて反復される様式化された行為であって、一見そうみえる統一のとれた完全体のアイデンティティではないのなら、「基盤」の空間的なメタファーは、様式化された一形態、すなわち時間のなかのジェンダー化された身体であることが明瞭となり、放逐されるであろう（1990, p.141、訳出：山本）。

この議論はそっくりファアファフィネにあてはまる。ファアファフィネは、女性を演じるものであり、そしてその誇張された演技の中に、ジェンダーの虚構性をまさに体現しているということができる。

ポリネシア社会のトランスジェンダーを第三の性と呼ぶことはできないというベスニア（1994, pp.319-21）は、ファカレイチーやピナピナアイネが、制度として成り立っていると考えるためにはあまりに脆弱であるとする。親族組織にしても、男女の区分は重要であるがそこに第三のジェンダーのための区分はない。また、それは明確な境界をもってカテゴリーとして成立しているわけでもない。さらに、ポリネシアでは男女の記号論的な対立が、さまざまな社会組織の中で象徴的に生かされているが、第三のジェンダーにそのような論理的な地位があるわけでもない。確かに、それが第一や第二の性と同様の比重で存在していると考えては誤りであろう。トランスジェンダー自身のアイデンティティが女性である、ということもある。しかし、現地の人々がラベルを貼って認定できるだけのステレオタイプが存在している以上、それは一つのカテゴリーを形成していると考えることができるだろう。そしてそのようなカテゴリーは、ジェンダーの二元的な存在様式の中に攪乱として埋め込まれているのである。

ここで、よく吟味する必要があるのは、性の指向を基本に据えて、そこから境界域の行動を説明しようとする西欧的な見方である。たとえば、同性愛の擁護者であるハートは『同性愛のカルチャー研究』の中で、ポリネシア社会の概説にほぼ三ページを割いている（ハート、二〇〇二、一六〇―一六五頁）が、そこでは、すでに枠組みからして、ポリネシアのトランスジェンダーを「同性同士の関係」として説明している。彼は「個人の社会生活を支配するほど強いエロティックな欲望を同性に対して抱く人々が、性別や人種、政治的、宗教的信条や国籍を問わず存在することを人類学は示してきた」（二〇〇二、三頁）と、同性愛の普遍性を前提としているために、逆にポリネシアのトランスジェンダーをとらえ損なっているといえよう。ファアファフィネやファカレイチーたちの生き方や行動のほとんどは、同性に対する欲望から生じているとは考えられない。そしてまた彼（女）ら自身も彼（女）らを包摂する社会もその行動を同性の間の性愛とはとらえていないのである。確かに、長い間同性愛嫌悪症《ホモフォビア》に悩まされてきた同性愛者の復権は重要なことではあるが、同性愛の普遍性を確保するために、ファアファフィネやファカレイチーを理解する眼が曇ってしまってはならない。

ジェンダーとセクシュアリティは複雑に重層化しているが、必ずしもセクシュアリティがジェンダー・アイデンティティの基盤にあると考える必要はない。それを前提とした分析に対しては少なくともポリネシアから反証があがっているといえよう。

（1）以下、ファアファフィネおよびファアタマの人名に関してはプライバシー保護のため一部を除いてすべて仮名とする。
（2）一盛は、山本が *Pacific Islands Monthly* の記事（1978）について語ったことを、山本の意見として誤解している。
（3）この名前は芸名である。名前の性格上ここではそのまま用いている。
（4）二〇〇二年二月のネット上の情報によれば、シンディの海外移住によってショーは終了した模様である。
（5）サモア在住のファアファフィネはこれまで一般に性転換手術を受けることがない。豊胸手術やホルモン注射すらおこなっている人を見かけなかった。
（6）一般に服飾関係はポリネシアの各地に存在する「男の女性」の間でポピュラーな職種であるが、そのほかに、トンガの男の女性ファカレイチーを調査したベスニアは美容師が多いことに注目している。しかし、サモアではファアファフィネの美容師はあまりめだつ存在ではない。
（7）アメリカでのゲイの教職禁止や排斥運動など考えると、サモアでは差別がないに等しいように思われるが、サモアでの人々の受けとめ方はさまざまである。筆者がこの問題を話し合ったある知的な女性（みずからも教職にある）は、子どもがまちがったロールモデルをもつのは困ったことなので、自分の子どもの担任がファアファフィネになったら、クラスを変えてもらうように交渉するかもしれないと発言した。
（8）わざと親しさを隠し、よそよそしく振る舞うことが、慣習上期待されていることをさしていう、人類学用語。この逆は冗談関係。
（9）ロスコーは、ベルダッシュが男性にも女性にも代わることのできない役割を果たしているがゆえに、第三のジェンダーというカテゴリーを想定しているが、この点、トンガのトランスジェンダー、ファカレイティを研究しているベスニアが、ジェンダーのダイコトミーの中でこの現象を捉えようとしている（後述）のと対照的である。伝統社会のトランスジェンダーが、儀礼的役割を果たしている事例は他にも数々ある。たとえばインドのヒジュラ（Nanda, 1994）やインドネシア・ブギス社会のビッス（伊藤、二〇〇〇）などについて報告がある。

（10）成人男性はすべて加入する。六つありそれぞれに主たる司祭がいる。

（11）ミードの報告には、ファアファフィネの語は出てこないにもかかわらず、ファアタマの語は見ることができる（ミード、一九七六［原著一九二六］一二六頁）。

（12）性行動の研究というのは人類学では大変難しい課題である。というのは、人類学の基本には観察をおこなうということがあるが、行動の性格上これが難しいからである。当事者としてその行為に参加することは可能でも、それが当該社会で通常の性行動かどうかを確かめることはこれまた難しい。結局インフォーマントの話に頼らざるを得ないのであるが、性にまつわる語りには多くのディスコースが隠されている。それら過剰な語りを、実際に起こっていることとして真に受けることが可能だろうか。語りとして扱うのでない限り意味はないと私には思える。

（13）ベスニアによれば、ファカレイチーは男性に相手をお願いしている立場であり、そのために金銭的にはさまざまに「搾取」される立場にあるという（1997, pp.14-17）。男性の側からすれば、女性との関係には何かと物いりであるが、ファカレイチーとの関係ならば貢がせることができる。この点、ブギスのベンチョンに関する伊藤の記述（二〇〇三、二四二頁）と相通ずるものがあり、興味深い。

引用・参考文献

序論

アードナー、エドウィン／シェリ・オートナー他／山崎カヲル監訳（一九八七）『男が文化で、女は自然か？——性差の文化人類学』晶文社

小田亮（一九九六）『性』三省堂

スコット、ジョーン・W／荻野美穂訳（一九九九）「ジェンダー再考」（『思想』四月号、五―三四頁、岩波書店）

松園万亀雄編（一九八七）『文化人類学四——性と文化現象』アカデミア出版会

山本真鳥（二〇〇二）「セクシュアリティ」（綾部恒雄編『文化人類学最新術語一〇〇』一〇〇―一頁、弘文堂）

Yamamoto, Matori (2001), "The anthropological study of gender and sexuality in Japan," *Japanese Review of Cultural Anthropology* 2, pp.105-137.

第一章

＊読みやすくするため、仮名遣い、送りがな、漢字表記などは若干変更した。

赤松啓介（一九九一）『非常民の性民俗』明石書房

——（一九九四）『夜這いの民俗学』明石書房

井原西鶴（一六八二）「形見の水櫛」『好色一代男』（『日本古典文学大系・西鶴集上』岩波書店、一九六〇）
――（一六九二）「尤始末の異見」『世間胸算用』（『日本古典文学大系・西鶴集下』岩波書店、一九六〇）
今泉みね（一九六三）『名ごりの夢――蘭医桂川家に生れて』平凡社
北山　修（二〇〇一）『幻滅論』みすず書房
――（二〇〇二）「自惚れ鏡の母子関係――浮世絵母子像を中心に」（『日本の美学』三四号、燈影舎）
三浦浄心（一六一四）『慶長見聞集』（『江戸双書』巻之二、名著刊行会、一九六四）

第二章

安藤畫一（一九四七）『ペニシリン療法の基礎知識』日本臨床社
今村忠宗編（一九一五）『千葉医学専門学校雑誌』
馬の博物館編（一九八八）『わらうま・その民族と造形』
大越正秋（一九六〇）『性病と性器疾患』創元医学新書
大塚敬節編（一九八二）『近世漢方医学書集成61　香月牛山』名著出版
小高　健（一九九二）『伝染病研究所――近代医学開拓の道のり』学会出版センター
加来祥男（一九八六）『ドイツ化学工業史序説』ミネルヴァ書房
カーレン、A／小山田義文訳（一九八七）『病気は人をどう変えたか』秀潤社
川上　武（一九六五）『現代日本医療史』勁草書房
木村晴雄編（一九五八）『谷中の今昔』
クラース、E／比企能樹編（一九九二）『日独医学交流の三〇〇年』フェアラーク東京
呉　秀三（一九二三）『華岡青洲先生及其外科』吐鳳堂書店
桑原長次郎編（一九一一）『六〇六号使用法ならびに注意』南山堂

小坂冨美子（一九八四）『病気哀史・病人と人権』勁草書房
ジーハン、J／往田俊雄訳（一九九四）『ペニシリン開発秘話』草思社
杉本茂春（一九八四）『医学史研究（58）梅毒の起源について』医学史研究会
竹内　勝（一九七〇）『日本遊女考』ブロンズ社
角田房子（一九七八）『碧素・日本ペニシリン物語』新潮社
土肥慶蔵（一九二一）『世界黴毒史』朝香屋書店（復刻版、形成社、一九七三）
中島陽一郎（一九八二）『病気日本史』雄山閣出版
西原柳雨（一九二七）『川柳吉原志』春陽堂
芳賀　徹（一九八五）『江戸とは何か・徳川の平和』至文堂
秦佐八郎述（一九一三）『サルヴルサン療法』南山堂
秦　藤樹（一九八七）「秦佐八郎の生涯と業績」（『日本医史学雑誌』三三巻三号）
秦八千代（一九五二）『秦佐八郎小伝』北里研究所
——（一九九四）「座談会——サルバルサンを語る」（『日本医事新報』三六七二号）
ヒューコークッツィ／中須賀哲朗訳（一九八五）『ある英人医師の幕末維新——日本の売春』中央公論社
富士川英郎編（一九八〇）『富士川游著作集』四巻、思文閣出版
富士川游（一九四一）『日本医学史』日新書院
船越敬祐（一八三八）『絵本黴瘡軍談』須原屋茂兵衛書肆
米国教育保健福祉省保健局編／太田幸宏訳（一九七一）『SYPHILIS（梅毒）』
本間玄調（一八四七）『瘍科秘録』三都書肆
マクニール、M・H／佐々木昭夫訳（一九八五）『疫病と世界史』新潮社
マルクワルト、M／近藤忠雄訳（一九四三）『エールリッヒ博士の思いで』白水社科学選書
諸田　実（一九八九）『フッガー家の遺産』有斐閣

山崎幹夫（一九九二）『薬の話』中公新書
――（一九九九）『薬と日本人』吉川弘文館

第四章

いぬい・たかし（一九五八）『女からの解放　男性白書』光文社

第五章

オートナー、シェリー（一九八七）「女性と男性の関係は、自然と文化の関係か」（アードナー＆オートナー編／山崎カヲル監訳『男が文化で、女は自然か？――性差の文化人類学』八三－一一八頁、晶文社）
窪田幸子（一九九四）「オーストラリア・アボリジニ女性の労働と経済生活――社会変化の視点から」（『大手前女子大学論集』二八号、一五五－一六五頁）
――（一九九六）「女が神話を語る日――オーストラリア、ヨロンゴ社会の現在」（スチュアート・ヘンリ編『採集狩猟民の現在――生業文化の変容と再生』五三－一二四頁、言叢社）
――（一九九七）「親族の基本構造を生きる――「ムルンギン」の現在」（青木ほか編『岩波講座文化人類学　第四巻　個からする社会展望』一五九－九六頁、岩波書店）
――（一九九九）「ヨロンゴ女性の可能性――オーストラリア北部アーネムランドに女性企業家はあらわれるのか」（窪田・八木編『社会変容と女性――ジェンダーの文化人類学』一二三－四九頁、ナカニシヤ出版）
――（二〇〇〇）「オーストラリア・アボリジニとキリスト教ミッションの半世紀――北東アーネムランド・ヨロンゴの記憶」（吉岡政徳・林勲男編『国立民族学博物館研究報告別冊』二一号、八七－一〇七頁、国立民族学博物館）
――（二〇〇二）「ジェンダーとミッション――オーストラリアにおける植民地経験」（山路勝彦・田中雅一編『植民

地主義と人類学』二三九－二六四頁、関西大学出版会）
田辺繁治（二〇〇三）『生き方の人類学』講談社現代新書
中谷文美（一九九七）「「女性」から「ジェンダー」へ、そして「ポジショナリティ」へ」（青木ほか編『岩波講座文化人類学　第四巻　個からする社会展望』二二五－五四頁、岩波書店）
沼崎一郎（二〇〇二）「男性学と男性運動」（原ひろ子編『比較文化研究――ジェンダーの視点から』二七五－三〇七頁、放送大学教育振興会）
バトラー、ジュディス（一九九九）『ジェンダー・トラブル――フェミニズムとアイデンティティの攪乱』青土社
ブルデュー、ピエール／石井洋二郎訳（一九九〇）『ディスタンクシオン』藤原書店
ロザルド、ミッシェル「女性、文化、社会」（アードナー&オートナー編／山崎カヲル監訳（一九八七）『男が文化で、女は自然か？――性差の文化人類学』一三五－七四頁、晶文社）

Ardner, E. (1975),“ The problem revisited,” in S. Ardner ed., *Percieving Women*, pp.19-27, London: Dent.
Bell, D. (1983), *Daughters of the Dreaming*, Melbourne and Sydney: McPhee Gribble and George Allen and Unwin.
Berndt, C.H. (1950), “Women's Changing Ceremonies in Northern Australia,” *L'Homme* 1: pp.1-87.
――― (1970) “Digging Sticks and Spears, or, the Two-Sex Model,” in F. Dale ed. *Women's Rolein Aboriginal Australia*, pp.39-78, Canberra: Australian Institute of Aboriginal Studies.
Berndt, R.M. (1951), *Kunapipi: A Study of an Australian Aboriginal Religious Cult*, New York: Internatinal Universities Press.
――― (1955) “'Murngin' (Wulamba) social organization,” *American Anthropologist* 57(1) : pp.84-106.
Hamilton, A. (1987 [1980]), “Dual social systems: Technology, labour and women's secret rites in the eastern Western Desert of Australia,” in W. H. Edwards ed., *Traditional Aboriginal Soceity: A Reader*, Melbourne: Macmillan.
Keen, I. (1994), *Knowledge and Secrecy in an Aboriginal Religion*, New York: Oxford University Press.
Kaberry, P. (1939), *Aboriginal Woman, Sacred and Profane*, Routledge, London.

Keely, A. (1996), "Women and Land: The problems Aboriginal women face in providing gender restricted evidence," *Aboriginal Law Bulletin*, 3 (87) pp.4-14, Sydney: Aboriginal Law Centre.

Kubota, S. (1992), "Household Composition in a Modern Australian Abroiginal Township," *Man and Culture in Oceania* 8: pp.113-130.

Meggit, M.J. (1962), *Desert People*, Sydney: Angus and Robertson.

Moore, H.L. (1988), *Feminism and Anthropology*, Polity Press, Oxford.

Morphy, H. (1991), *Ancestral Connections*, The University of Chicago Press, Chicago.

Munn, N. (1973), *Walbiri Iconography: Graphic Representation and Cultural Symbolism in a Central Australian Society*, Cornell University Press, Ithaca.

Peterson, N. (1978), "The importance of women in determining the composition of residential groups in Aboriginal Australia," in F. Gale ed., *Woman's Role in Aboriginal Society*, Australian Institute of Aboriginal Studies, Canberra, pp.16-27.

Roheim, G. (1933), "Women and their life in Central Australia," *Royal Anthropological Institute Journal* 63: pp.207-265.

Rose, D. (1996), "Land rights and deep colonising: The erasure of women," *Aboriginal Law Bulletin* 3 (75) pp.6-13, Sydney: Aboriginal Law Centre.

Rose, D.B. (2001), "The silence and power of women," in P. Brock, ed. *Words and Silences: Aboriginal Women, Politics and Land*, Allen & Unwin.

Shapiro, W. (1981), *Miwuyt Marriage*, Institue for the Study of Human Issues, Philadelpia.

Spencer, B. and F.J.Gillen (1968 [1899]), *The Native Tribes of Central Australia*, Dover: New York.

Strehlow, T.G.H. (1947), *Aranda Traditions*. Victoria: Melbourne University Press.

Warner, Lloyd (1937), *A Black Civilization: A Social Study of an Australian Tribe*, Harper and Row, New York.

アジア経済研究所編（一九九六）『第三世界の働く女性』明石書店
井上輝子・他編（二〇〇二）『岩波女性学事典』岩波書店（岡真理「イスラームと女性」「女性性器切除」、村松安子「開発とジェンダー」「開発と女性」、伊藤るり「グローバリゼーションとジェンダー」、足立眞理子「世界経済と女性」、浅野千恵「セックス産業」、長谷部美佳「セックス・ツアー」、久場嬉子「貧困の女性化」、中原道子「武力紛争下の女性への暴力」など）
江原由美子、足立眞理子、松原洋子（二〇〇一）「グローバリゼーションとフェミニズム」（『現代思想』五月号、六二―八二頁）
後藤浩子（一九九九）「「開発」の中のリプロダクティブ・ライツ――性の自己決定権の裏側」（『現代思想』一一月号、一二〇―一三七頁）
「女性の人権」委員会編（一九九四）『女性の人権アジア法廷』明石書店
田村慶子・篠崎正美編著（一九九九）『アジアの社会変動とジェンダー』明石書店
手塚千砂子編著（一九九二）『タイから来た女たち――差別のなかの女たち』三一書房
西川潤編（一九九七）『社会開発――経済成長から人間中心型発展へ』有斐閣
VAWW-NET Japan 編（二〇〇〇）『二〇〇〇年女性国際戦犯法廷の記録』全五巻、緑風出版
早瀬保子編（二〇〇一）『アジア太平洋における国際人口移動（国際ワークショップ報告書）』日本貿易振興会・アジア経済研究所
松井やより（一九九六）『女たちがつくるアジア』岩波新書
吉村真子（一九九三）「日本におけるタイ人出稼ぎ女性」（『社会労働研究』第四〇巻第一・二号、一七八―二二二頁）
――（一九九八）『マレーシアの経済発展と労働力構造――エスニシティ、ジェンダー、ナショナリティ』法政大学出版局
――（二〇〇〇）「国際労働力移動におけるアジア女性――アジアの出稼ぎ女性労働者」（森廣正編『国際労働力移動のグローバル化』第一〇章、法政大学出版局）

———（二〇〇三）「アジアの女性移住労働者」（『アジア新世紀　第五巻　市場』第一章、岩波書店）

AIDEC (1989), *Philippine Overseas Employment Guidebook 1989*, Quezon City.

Amparita S. Sta. Maria (1998), "The Philippines: A Case Study on Women Migrant Workers," in Ateneo Human Rights Center et al. eds., *Legal Protection for Asian Migrant Workers: Strategies for Action* (Compiled Papers for the International Workshop held in Manila on September 8-12, 1997), Makati City.

Boserup, E. (1970), *Women's Role in Economic Development*, Earthscan Publication, London.

Department of Labor and Employment (DOLE), Bureau of Labor and Employment Statistics (BLES) (1999), *Current Labor Statistics* (First Quarter 1999), Manila: BLES.

Elson and Pearson (1986), "Nimble Fingers Make Cheap Workers: An Analysis of Women's Employment in Third World Export Manufacturing," *Feminist Review* (October).

Go, Stella P. (1999), "The Asian Crisis and Philippine International Labour Migration: Impacts, Trends and Policy Response," *A paper presented at the International Workshop on International Migration and Labour Markets in Asia*, 28-29 January 1999, Japan Institute of Labour, Tokyo, Japan.

International Organization for Migration (IOM) (1997), *Trafficking in Women to Japan for Sexual Exploitation: A Survey on the Case of Filipino Women*, Geneva: IOM.

JIL（日本労働研究機構）(2003), *Papers for Workshop on International Migration and Labour Market in Asia*, Tokyo, 6-7 February.

Lim, Lin Lean ed. (1998), *The Sex Sector: The Economic and Social Bases of Prostitution in Southeast Asia*, Geneva: ILO.（津田守ほか訳『セックス「産業」——東南アジアにおける売買春の背景』国際労働研究機構、一九九九）

Mies, Maria (1986), *Patriarchy and Accumulation on a World Scale*, Zed Books, London（奥田暁子訳『国際分業と女性——進行する主婦化』日本経済評論社、一九九七）

Moser, C. (1993), *Gender Planning and Development: Theory, Practice and Training*, Routledge, London.

Nedra Weerakoon (1998), "Sri Lanka: A Case Study of International Female Labour Migration," in Ateneo Human Rights Center et al. eds., *Legal Protection for Asian Migrant Workers: Strategies for Action* (Compiled Papers for the International Workshop held in Manila on September 8-12, 1997), Makati City.

Obbo, C. (1980), *African Women: Their Struggle for Economic Independence*, Zed Books, London.

Phizacklea, Annie, ed. (1983), *One Way Ticket: Migration and Female Labour*, Routledge & Kegan Paul, London.

Seabrook, Jeremy (2000), *No Hiding Place: Child Sex Tourism and the Role of Extraterritorial Legislation*, Zed Books: London.（宇佐美昌伸訳『子ども買春と国外犯処罰法』明石書店、二〇〇一）

Sen and Grown (1987), *Development, Crises, and Alternative Vision: Third World Women's Perspectives*, Monthly Review Press, New York.

Truong, Thanh-Dam (1990), *Sex, Money and Morality: Prostitution and Tourism in Southeast Asia*, Zed Books, London.（田中典子・山下明子訳『売春——性労働の社会構造と国際経済』明石書店、一九九三）

UNDP (United Nation Development Programme) (2002), *Human Development Report*, Oxford University Press.（『人間開発報告書2002　ガバナンスと人間開発』国際協力出版会、二〇〇二）

Wells Troth (1987), and Foo Gaik Sim, *Till They Have Faces: Women as Consumers*, IOCU and ISIS International, Penang.（ヤンソン由美子訳『女・開発・第三世界——消費者としての女たち』協同図書サービス、一九八八）

第七章

一盛和世（一九八三）『六色クレヨンの島——サモアの蚊日記』文化出版局

伊藤　眞（二〇〇〇）「チャラバイ、ビッス、ベンチョン——南スラウェシにおけるトランスジェンダー」（『人文学部報』三〇九号、八三－一〇九頁）

——（二〇〇三）「女の心をもつ〈かれら〉——インドネシアのチャラバイ」（松園万亀雄編『性の文脈』くらしの文化人類学四、二二六－四八頁）

倉光ミナ子（二〇〇二）「ファファフィネテーラーを追っかけろ！――サモアのジェンダーと「衣」を巡る調査から」（『日本オセアニア学会ニューズレター』七四号、一―九頁）

棚橋　訓（一九九九）「ポリネシアでジェンダーについて考える――性現象研究をめぐる若干の提言」（『社会学論叢』一三四号、三九―五三頁）

ハート、ギルバート／黒柳俊恭・塩野美奈訳（二〇〇二［原著一九九七］）『同性愛のカルチャー研究』現代書館

バトラー、ジュディス／竹村和子訳（一九九九［原著一九九〇］）『ジェンダー・トラブル――フェミニズムとアイデンティティの攪乱』青土社

フリーマン、デレク／木村洋二訳（一九九五［原著一九八三］）『マーガレット・ミードとサモア』みすず書房

ミード、マーガレット／畑中幸子・山本真鳥訳（一九七六［原著一九二六］）『サモアの思春期』蒼樹書房

山本泰・山本真鳥（一九九六）『儀礼としての経済――サモア社会の贈与・権力・セクシュアリティ』弘文堂

Alexeyef, Kalissa (2000), "Dragging drag: The performance in gender and sexuality in the Cook Islands," in Rosita Henry et al., eds., The Politics of Dance, *The Australian Journal of Anthropology* Special Issue 12: pp.297-307.

Besnier, Niko (1994), "Polynesian gender liminality in time and space," in Gilbert Herdt ed., *Third Sex, Third Gender: Beyond Sexual Dimorphism in Culture and History*, pp.285-328, NY: Zone Books.

———— (1997), "Sluts and superwomen: The politics of gender liminality in urban Tonga," *Ethnos* 62(1/2) : pp.5-31.

———— (2002), "Transgenderism, locality, and the Miss Galaxy beauty pageant in Tonga," *American Ethnologist* 29 (3) : pp.534-566.

Butler, Judth (1990), *Gender Trouble: Feminism and the Subversion of Identity*, New York: Routledge.

Grémaux, René (1994), "Women becomes man in the Balcans," in Gilbert Herdt ed., *Third Sex, Third Gender: Beyond Sexual Dimorphism in Culture and History*, pp.241-281, NY: Zone Books.

James, Kerry E. (1994), "Effeminate males and changes in the construction of gender in Tonga," *Pacific Studies* 17 (2) : pp.39-69.

Levy, Robert (1973), *The Tahitians: Mind and Experience in the Society Islands*, Chicago: The University of Chicago Press.

MacFarlane, Deborah (1983), "Trans-sexual prostitution in Polynesia: A tradition defiled?" *Pacific Islands Monthly* 1983 Feb.: pp.11-12.

Mageo, Jeannette Marie (1992), "Male transvestism and cultural change in Samoa," *American Ethnologist* 19: pp.443-459.

——— (1996), "Samoa, on the Wilde side: Male transvestism, Oscar Wilde, and liminality in making gender," *Ethos* 24 (4) : pp.588-627.

Mortimer, George (1975 [1791]), *Observations and Remarks made During a Voyage*, London: T. Cadell.

Nanda, Serina (1994), "Hijras: An alternative sex and gender role in India," in Gilbert Herdt ed., Third Sex, *Third Gender: Beyond Sexual Dimorphism in Culture and History*, NY: Zone Books, pp.373-417.

Newton, Esther (1972), *Mother Camp: Female Impersonators in America*, Chicago: the University of Chicago Press.

O'Meara, Tim (1990), *Samoan Planters: Traditional and Economic Development in Polynesia,* New York: Holt Rinehart Winston.

Pacific Islands Monthly (1978), "Polynesia's third sex: The life starts in the kitchen," *Pacific Islands Monthly* 1978 Aug.: pp.10-13.

Roscoe, Will (1991), *The Zuni Man-Woman*, Arbuquerque: University of New Mexico Press.

——— (1994), "How to become a berdache: Toward a unified analysis of gener diversity," in Gilbert Herdt ed., *Third Sex, Third Gender: Beyond Sexual Dimorphism in Culture and History*. NY: Zone Books, pp.329-372.

Schmidt, Johanna (2001), *Redefining fa'afafine: Western discourses and the consturction of transgenderinsm in Samoa*, <http://wwwsshe.murdoch.edu.au/intersections/issue6/schmidt.html>.

Shore, Bradd (1981), "Sexuality and gender in Samoa: Conceptions and missed-conceptions," in Serry B. Ortner and Harriet Whitehead eds., *Sexual Meanings: The Cultural Construction of Gender and Sexuality*, Cambridge: Cambridge University Press, pp.192-221.

編　者
山本真鳥（やまもと　まとり）　法政大学経済学部教授

執筆者（執筆順）
田中優子（たなか　ゆうこ）　法政大学社会学部教授
苅谷春郎（かりや　はるお）　法政大学経済学部教授
松尾章一（まつお　しょういち）　法政大学名誉教授
横山浩司（よこやま　こうじ）　法政大学社会学部教授
窪田幸子（くぼた　さちこ）　広島大学総合科学部助教授
吉村真子（よしむら　まこ）　法政大学社会学部教授

性と文化
2004年3月25日　初版第1刷発行

編　者　山本真鳥
発行所　財団法人 法政大学出版局
〒102-0073 東京都千代田区九段北3-2-7
Tel. 03(5214)5540／振替 00160-6-95814
組版：緑営舎　印刷：平文社
製本：鈴木製本所

ISBN4-588-67204-5
Printed in Japan